रचना प्रक्रिया से जूझते हुए

रचना प्रक्रिया से जूझते हुए

लीलाधर जगूड़ी

स्वर्ण जयन्ती

ISBN: 81-88599-94-8

स्वर्ण जयन्ती
4695, 21-ए, अंसारी रोड,
दरियागंज, नयी दिल्ली-110002
द्वारा प्रकाशित
प्रथम संस्करण : 2015

मूल्य : ₹395.00

शुभम् आफसेट, शाहदरा, दिल्ली-110032
द्वारा मुद्रित

स्वर्ण जयन्ती, वाणी प्रकाशन की सहयोगी संस्था

जब लगा कि निर्मल वर्मा, अमरकान्त, कृष्णा सोबती, कमलेश्वर, ज्ञानरंजन, काशीनाथ सिंह, रवीन्द्र कालिया, दूधनाथ सिंह आदि के बाद अब कहानी बदल नहीं सकती तभी अचानक राजकमल चौधरी की तरह का अकेला और अलग किस्म का एक कहानीकार आता है और मनोहर श्याम जोशी को भी उनके ही पड़ाव पर छोड़ते हुए कहानी की 20वीं सदी में 21वीं सदी की कहानी की एक नयी शुरुआत करता है और कहानी के गद्य को नये आयाम और मुकाम तक पहुँचाता है।

उस अद्‌भुत गद्यकार

विरल कहानीकार और बेहतर इनसान

स्व. मोहन थपलियाल

की स्मृति को सादर-सस्नेह समर्पित

जो मुझे कविता से इतर गद्य लिखने के लिए

प्रेरित करते रहते थे।

अनुक्रम

पहली बात

गद्य में ही वह बात बनने की योग्यता है जो कविता बन जाती है। इस संचयन में कुछ कविता संग्रहों की भूमिकाएँ शामिल की गयी हैं और कुछ अन्यत्र प्रकाशित छिट-पुट भी निचयपूर्ति के लिए शामिल किया गया है। भूमि से ही भूमिका शब्द भी बना है। भूमिका पैरों तले की जमीन का निर्माण करती है और कभी-कभी वह पृष्ठभूमि का भी निर्माण कर देती है। तभी प्रत्येक व्यक्ति खुद को पृथ्वी की सन्तान के रूप में देख पाता है। ले-देकर भूमिका का एक अर्थ छोटी और आत्मीय भूमि भी है। भूमिका से वैचारिक क्षेत्र का भी संकेत मिलता है। कुल जमा आधार और आधेय भी भूमिका में सन्निहित है। संस्कृत में एक उक्ति है—भूमिरेव भूमिका—अर्थात् (निर्माण) ही भूमिका है। उसी भूमि पर वैचारिक अंकुरण होना है। उसी पर विचार खड़ा होना है और फैलना है।

गद्य की वह कोई बात जब कविता बन जाती है तो शमशेरियत की दृष्टि से भी वही बात है जो बोलती है और भेद खोलती है। तब पता चलता है कि जिसमें जो निवास करे, रमे और जमे वह उसकी वस्तु है। वस्तु से ही वास्तविक पदार्थ का बोध होता है। तभी विषयवस्तु का सन्दर्भ बनता है। गद्य की उत्कृष्ट परिणति कविता है। बात-चीत और बोल-चाल का सबसे अच्छा निखार कविता है। कविता पंक्ति में शब्द फौजियों की तरह खड़े नहीं होते बल्कि वहाँ वे जंगल की तरह का वैविध्य लिए हुए तिलिस्मी आश्चर्य में डाल देते हैं। सपाट से सपाट भी काव्योक्ति कभी सपाट नहीं होती। 'मैं हूँ मगर मैं क्यों हूँ' इस वाक्य से अधिक गद्यात्मक और सपाट वाक्य हो सकता है कि कोई दूसरा भी हो लेकिन इसमें जो प्रश्न उठ रहे हैं वे आसानी से अपना कोई एक ही अर्थ सुनिश्चित नहीं कर सकते। यही बात कविता की पंक्तियों में बनने वाले वाक्यों के बारे में भी मैं कहना चाहूँगा। इसका यह भी मतलब न लगाया जाय कि कविता के वाक्यों को दो-दो अर्थों वाला होना चाहिए। पर यह तो हो ही सकता है कि 'हूँ मगर क्यों हूँ' उसके बाद जूझना पड़े 'मगर क्यों हूँ' से? तब सार्थकता, सोद्देश्यता के परीक्षाफल को जाँचा-परखा जा सकता है। नतीजा यह कि सवालों पर सवाल उगते चले जायेंगे।

कविता की भूमिका में गद्य और गद्य की परिणति में कविता का जन्म मेरी रचना प्रक्रिया का मुख्य संघर्ष रहा है। यह संघर्ष अपनी समझ से अक्सर ज्यादा करना पड़ता है। कविता में तो मैं ठीक से दाखिल हो ही नहीं सका हूँ–बस कविता के आसपास ज़रूर रहने की, बसने की कोशिश ज़रूर की है। अपने जीवन में अपनी कविताओं की जो भी भाषा मैं रच पाया हूँ, उसी में अथवा उसी के आसपास मैं रहा हूँ जैसे अभी भी मुझे कोई इन्तज़ार है।

1960 के बाद हर बार कोई न कोई नयी शब्दावली मैं अपनी कविता के लिए इसलिए भी पाना चाहता रहा हूँ कि अपने अनुभव के लिए अपना ही कोई नया जन्म ले सकूँ। पेट हो या प्रजातन्त्र, इन्होंने पूरी दुनिया के लोगों को अपने-अपने ढंग का नाच नचाया है। उस कथा को नाटक कह लें या कविता मैं हर मोड़ से गुजरने की कोशिश करता रहा हूँ। मैं उन भाग्यशालियों में नहीं हूँ जिन्हें अपने समय में ही आलोचक (विचारवान लोग) मिल जाते हैं। मेरी नज़र में आलोचना भी व्याख्या, भाष्य और विचार है। आलोचना भी हमेशा एक जैसे पंखों से नहीं उड़ती। वह भी अच्छी कृतियों के संसर्ग में अपने उत्खनन के लिए नये औजार पाना चाहती है। पाना शब्द भी यहाँ उचित नहीं होगा। अगर कहें कि आलोचना भी नये औजार बनाना चाहती है तो कुछ बात समझ में आती है। आज़ादी के बाद कहते हैं कि कई स्वप्न भंग हुए हैं लेकिन 'स्वप्न भंग' के बाद का सपना भी बहुत से सपने देखने लगा है। अपने यथार्थ की जाँच फैंटेसी से की जाने लगी। आशाओं और इच्छाओं का रूपान्तरण ही नहीं कायान्तरण भी होने लगा। जो था उसे जो नहीं था उस आभासीय चश्मे से देखा जाने लगा। बीसवीं सदी के उत्तरार्द्ध में गद्य का बेहतर कविता-प्रवेश हुआ है। इक्कीसवीं सदी में कविता के लिए और भी व्यापक और सड़कछाप गद्य पैदा किया जा रहा है। हिन्दी का बहुभाषी गद्य अपने नये लोक का निर्माण कर रहा है। हो सकता है एक दिन सारी अंग्रेजी और सारी भारतीय भाषाओं के साथ देवनागरी लिपि में लिखी जाय।

मैंने जब लिखना शुरू किया तो उन अनुभवों को 'पेट और प्रजातन्त्र के बीच' तथा 'एक पुराने प्रसंग के प्राण' में प्रकट करने की कोशिश की है। पृथ्वी अपने उत्पादन से जितनी यशस्वी बन जाती है मैं अपने सृजन से केवल अपनी पृथ्वी को भाषा में थोड़ा-सा बचाने और रचने की कोशिश में लगा ज़रूर रहा लेकिन इसका अभी आलोचनात्मक वैचारिक आख्यान शेष है। मुझे अपने पाठकों में से स्व-अधीत अपने आलोचक की भी प्रतीक्षा है।

आलोचना को मर्मोद्घाटक होना चाहिए। जीवन और रचना के साथ हुए

न्याय-अन्याय की भी उसे खबर लेनी और देनी चाहिए। आज़ादी को केवल बोलने की आज़ादी तक ही सीमित नहीं रखने देना चाहिए बल्कि उसे कर्म में परिणित करने की आज़ादी में भी काम करते हुए देखना चाहिए। रचना के संसार को मात्र अखबारों और अन्य मीडिया की गवाहियों से ही नहीं जाँचा जाना चाहिए। भूगोल और इतिहास की निरन्तरता और विच्छिन्न होते सम्बन्धों से भी रचना को परखा जाना अनुचित न होगा। आलोचक को भौतिक अस्तित्व की अनदेखी नहीं करनी चाहिए। रचना द्वारा निर्मित वास्तविकताओं का पाठ और पुनःपाठ आलोचना को स्थापित करना चाहिए। चीजों और घटनाओं के मूल को पकड़ने से ही रचना की मौलिकता पकड़ में आयेगी।

जीवन की कम-से-कम भाषा

अनुभव में तात्कालिक, स्वभाव में तत्त्वदर्शी, शैली से सभी विधाओं का प्रतिनिधित्व करनेवाली, कथ्य में सबकी आवाज़ लिए हुए, विन्यास में सर्वाधिक नाटकीय और असर में एकदम धर्म-सरीखी मैं हर बार एक कविता लिखना चाहता हूँ, क्योंकि कविता ही है जो हर युग में अपना धर्म सबसे पहले पहचान लेती है।

उन खेतों की फसल भी मेरे लिए अब कविता ही है जिन पर मकान बन गये हैं मगर जिनमें वे नहीं रह सकते जिनके पास मकान नहीं हैं। उन पेड़ों का वसन्त भी मेरे लिए कविता के ही मार्फ़त आयेगा जो खिड़की-दरवाज़ों, रेल के डिब्बों और बस की बॉडी बनाने के काम आ गये। जहाँ अब प्लास्टिक के सामान की दुकानें खुल गयी हैं वहाँ जो बागीचा था उसके फूल व फल भी अब मेरे लिए अपनी कविता में ही महकेंगे, पकेंगे; जिन्हें सब ओर पीठ किये हुए वे लोग सूँघते व देखते हैं जिनकी न क़ब्रें हैं और न चिताएँ। मरने से पहले न जिनके घर हैं, न देश। अपने आमरण जन्म में जिन्होंने अपने लिए अपने जीवन की कम-से-कम भाषा तलाश ली है।

उन्हीं की कमाई हुई वह कम-से-कम भाषा ही मेरे पास है और उसी से मुझे अधिक-से-अधिक बात कहनी है।

कविता के आसपास

आज शब्दों का बाज़ार बहुत गर्म है और माहौल इतना शब्दायमान है कि न शब्दों की कोई कमी नजर आती है और न कोई बहुत बड़ी सार्थकता दिखती है। शब्द से ही शब्द को निरर्थक करने का काम लिया जा रहा है। रचनाकारों की जमात में भी शब्दों के प्रति लापरवाही का भाव कितना बढ़ता जा रहा है, यह इस बात से पता चलता है कि लेखक कविता की शक्ति से गद्य को वंचित कर देना चाहते हैं। वे यह भूल गये हैं कि कविता गद्य को शब्द की कीमत पहचानना सिखाती है और भाषा में अनुभव के अनुरूप शब्द-सृजन की शक्ति भी पैदा करती है। कविता बुरे और अरुचिकर समय में भी मनुष्य होने की सुरुचि बचाये रखने का काम करती है। भाषा में काव्यगुण ही गद्य को चिरायु बना सकता है। कवि शमशेर ने कविता के निरन्तर गद्योन्मत्त होते जाने के बीच एक बारीक़ व्यंग्य किया था, जिसकी सटीक चुभन आज महसूस हो रही है–

जो कि नहीं है
उसका ग़म क्या
जैसे कि सुरुचि...

कोई भी गद्य तभी साहित्य बनता है जब उसमें कविता का 'एसेंस' हो। पत्रक़ारिता भरी भाषा की भरमार के कारण इतने सारे शब्दों के बीच एक सच्चा और अनोखा अनुभव ढूँढ़ पाना बहुत मुश्किल हो गया है। बहुत से नये और मूल्यवान शब्द, छोटे और बीमार बच्चों की तरह मरते जा रहे हैं। पूर्वानुभवों से पैदा हुए बचे-खुचे कुछ शब्द कालान्तर में अर्जित किसी नये अनुभव को यदि काम के नहीं लगते तो यह प्रत्येक रचनात्मक युग का स्वभाव रहा है और यह ऐसा समय है जब हम युग नहीं सदी बदल रहे हैं। शब्दों की बहुत बड़ी तादाद के बावजूद आज हमारे पास कुछ भी नहीं कहने वाले शब्द ज्यादा हैं। सबसे कम ही हमारे पास सबसे ज्यादा है। इसलिए वर्तमान परिदृश्य में 'अच्छा कवि और अच्छी कविता' दोनों की कमी सबसे ज्यादा दिखती है। कवि के लिए कविता की भूमिका और उसके

आसपास रहने वाले लोगों के लिए कविता की भूमिका बिल्कुल अलग-अलग हो सकती है। एक अच्छी कविता से साक्षात्कार के बाद कोई नहीं कह सकता कि 'कोई फ़र्क नहीं पड़ता' और कोई यह भी नहीं कह सकता कि 'सब कुछ चलता है'। कविता के आसपास रहने वाले और कविता को अपने आसपास बनाये रखने वाले लोग कहीं-न-कहीं कविता से जीवन में कोई-न-कोई काम ले रहे होते हैं और इस तरह कविता उनके जीवन में, अपने जीवन का कोई काम कर रही होती है। जब भी जीवन में याद रखने लायक कोई छोटा-बड़ा अनुभव घटित होता है, या तो कोई पुरानी कविता आ धमकती है या फिर कोई नयी कविता जन्म ले लेती है। दोनों में ही मनुष्य होने की सम्पूर्ण स्मृति का बहुत बड़ा हाथ है।

मेरी दृष्टि में अच्छी कविता वह है जो अपने कवि के विचारों को ही नहीं उसके समय को और उसके जीवन को भी लाँघ जाये। कवि का जीवन कविता का जीवन हो जाये। मुझे वह कविता अच्छी लगती है जो सोचने की मुक्ति दे और जो नये-नये अनुभव क्षेत्रों को 'गोचने' के लिए बन्द हवा में भी उछाल दे। कविता वह जो स्मृति पर छा जाय, भले ही हम उसकी पंक्तियों का क्रम भूल जायें पर उसका आशय याद रह जाये। कविता का पुनर्जीवन ही कवि का पुनर्जन्म है। कविता का जीवन न केवल अनुभव के पुनर्सृजन में बल्कि नये कवि के आविर्भाव में भी सक्रिय रहता है। एक काव्यानुभव दूसरे काव्यानुभवों को भी उद्‌भासित करता है। पुरानी कविता ही नये कवियों को और नयी कविता को जन्म देती है।

मुझे कविता की ओर ले जाने में पुराने कवियों का हाथ रहा है। उन्हीं से झगड़ा करके यह सीखा जा सकता है कि कैसे नया हुआ जा सकता है।

पुराने सूर्य से जिस तरह हमें रोज़ नया दिन मिलता है, जिस तरह पुरानी पृथ्वी से नयी-नयी ऋतुएँ मिलती हैं, उसी तरह कविता की परम्परा भी नित-नये होने की ओर लगातार परिवर्तनशील रहने की है। कविता भी कुछ वैसे ही आती है जैसे हर बार, पहली बार खिलने वाला एक फूल आता है। कविता कुछ वैसे ही काम आती है जैसे एक पका हुआ फल, जिसे किसी बीमार के लिए ज़रूरी बताया गया है। कविता का उद्‌भासित होना एक नये पत्ते का अपने आप उद्‌घाटित होना है या फिर वैसे जैसे पुरानी घास में से नयी घास अंकुरित होती हो। घास तो पिछले साल से पिछले साल भी उगी थी पर हर बार उसे नये सिरे से उगना पड़ा था। एक अच्छी कविता के लिए सारी पुरानी नदियों की काई को वनस्पतियों में बदलना होता है और सारी वनस्पतियों को फिर से अपनी काई पैदा करनी पड़ती है।

भाषा के ध्वंस में से नये शब्दों के उपजने का, संगीत सुनने का अवसर कवि ही देते हैं क्योंकि वे उन शब्दों को चुनते हैं और नये अनुभवों की संगति में डाल देते हैं। यही वजह है कि कुछ अच्छे कवि मुझे मौत के कुएँ में मोटरसाइकिल चलाने वालों की तरह ख़तरे में पड़े हुए लगते हैं। वे जितना आकर्षण पैदा करते हैं उतना ही उनसे लगाव होता जाता है।

अचानक जो कोई बात, कोई तथ्य, कोई कथ्य, कोई बिम्ब, कोई विचार मन में उद्भासित हो उठता है, जो बिजली की तरह उत्तर से दक्षिण या पूरब से पश्चिम तक कौंध जाता है, जो क्षण विशेष में पूरे दृश्य की तरह रचना के स्वरूप की झलक दिखा देता है, वही क्षण मुझे कविता के जन्म का क्षण लगता है। उसी क्षण विशेष में पाये हुए भाषिक रूपाकार के कारण लगता है कि जो जैसा दिखता था वह वैसा नहीं है और न वह कहीं से भी वैसा रह गया है जैसा मैं उसे सोचता था। यह कुछ का कुछ होने की और कुछ का कुछ दिखने की, सरल, जटिल और 'कंडेंस्ड' स्थिति है जो हर रचना के मूल में बीज की तरह छिपी रहती है।

नये विषयों की उद्भावना के लिए किसी भी रचनाकार को हमेशा खुले मन और खुले दिमाग़ से संसार की हर चीज़ से मिलना चाहिए। सांसारिक यथार्थ और लौकिक परमार्थ के बिना कोई कवि नहीं हो सकता।

मैंने अपनी आत्मा को दुनिया की आत्मा का हिस्सा बनाने के लिए अपने वास्ते कविता को चुना है। शुरू से ही सोचता रहा हूँ कि हर चीज़ मुझे इस तरह फाँस ले कि मेरी आँखों से देखे और मेरी साँसों में साँस ले। मेरी कविता तदाकार और तादात्म्य की कविता है। शब्दों के शोर में भाषा के उद्दंड खिलवाड़ के बीच भी मैं किसी तल्लीन शब्द की ढूँढ़ में हूँ जो मेरी कविता में खोए हुए बच्चे की तरह अचानक दिख जाये।

ऑक्तावियो पॉज ने कहा है कि प्रत्येक पाठक एक दूसरा कवि है। इस अपने दूसरे प्रिय कवि (अर्थात् पाठक) को रघुवीर सहाय ने अपनी रचनाओं का परिचय यह कहकर दिया था, "प्रिय पाठक! ये मेरे बच्चे हैं। कोई प्रतीक नहीं।" मैं इस समय बस इतना कहना चाहता हूँ कि मैंने अपने प्रिय पाठक (जो कि दूसरा कवि भी है) के भीतर कविता के लिए एक नयी माँग पैदा करने के लिए कविताएँ लिखी हैं। पाठकों की माँग पर मैंने कभी कविता नहीं लिखी।

अपने समय को अपना समय न समझकर, किसी आने वाले समय को अपना समझने के इन्तज़ार में हम इस सदी को पार कर रहे हैं। लगता है कि सिद्धान्तों ने, तर्कों ने और विचारों ने लगभग हमारा साथ छोड़ दिया है। लगता है कि

हमने पूँजी की ताकत को ही सबसे बड़ी नैतिक शक्ति मान लिया है। मनुष्य को एक संसाधन मानने के अलावा हमने सामाजिक ज्ञान का कोई नया प्रयोग नहीं किया। ऐसे समय में सही शब्दों की हमें सबसे ज्यादा ज़रूरत है। कविता जिन शब्दों को अपने लिए चुनती और रचती है, वे ही हमारे समय के प्रतिनिधि शब्द हो जाते हैं। भाषिक अभिव्यक्ति का रूप-रस कविता द्वारा ही बचाया जा सकता है। कवियों को चाहिए कि वे आज की कविता में मानवीय अभिव्यक्ति का नया रूप-रस तैयार करें, जिससे सदी के अन्त में कविता का एक नया चेहरा अभिव्यक्त हो उठे।

पेट और प्रजातन्त्र के बीच

आज़ादी के बाद भारत में एक अनिश्चित विभ्रम इस बात का फैला कि हम कुछ भी करने के लिए आज़ाद हैं। जबकि स्व-निर्माण और स्व-समाज निर्माण के लिए स्वतन्त्र अपनी आर्थिक नीति अब हमारे हाथ में है, यह बोध आज़ादी के साठ वर्ष बाद भी ठीक से नहीं आया है। आज़ादी के तुरन्त बाद जो पीढ़ी पैदा हुई उसमें मैं भी बड़ा हुआ। आज़ादी तत्कालीन ब्रिटिश सरकार से लड़कर प्राप्त की गयी थी। आज़ादी के बाद कहा जाने लगा कि अब काले अंग्रेजों की सरकार आ गयी है। इस सरकार को नयी पीढ़ी अपनी सरकार नहीं मान रही थी। नया और आत्मनिर्भर भारत नयी पीढ़ी का उद्देश्य ठीक से नहीं बन पा रहा था। क्योंकि विपक्ष के राजनीतिक दल जोर-जोर से यह कह रहे थे कि यह सरकार मजदूरों, किसानों और आम आदमी की सरकार नहीं है। कुछ लोग गाँधी की याद को मिटाना चाहते थे, कुछ नेहरू की। कुछ लोग समूची कांग्रेस पार्टी के किये-धरे पर पानी फेरना चाहते थे। हालत यह थी कि हर सातवें दिन कहीं-न-कहीं आगजनी, हड़ताल और असहयोग के साथ आन्दोलन छिड़ जाते थे। भारत धर्मनिरपेक्ष तो नहीं बन सका पर बहुधर्म सापेक्ष ज़रूर बन गया। वर्गहीन तो नहीं हो सका लेकिन वर्ग विभाजित ज़रूर हो गया। जातिविहीन तो नहीं बन सका, जातियों की सम्मान रक्षा के लिए अधिक जातिवादी ज़रूर बन गया। अधिक उत्पादन और अधिक पूँजी से गरीबी मिटेगी, यह विश्वास भी हर बार टूटता ही चला गया। सामाजिक असमानता धर्म और राजनीति ने पैदा की और साहित्य से यह चाहा गया कि वह इसे दूर करे। जबकि साहित्य का काम समाज के अन्तर्विरोधों और अमानवीय पक्षों को सामने रखने का है। आज़ादी के बाद की पीढ़ी में जिन लोगों ने कविता, कहानी, उपन्यास और नाटक तथा निबन्ध आदि के क्षेत्र में कुछ नया काम किया, उन्होंने सामाजिक अन्तर्विरोधों का खुलकर वर्णन किया ताकि लोगों के मन में इन अन्तर्विरोधों से भरे पाखण्ड से बाहर आने का विचार बने। अच्छे साहित्य ने आज़ादी के बाद उपदेशक का नहीं कैमरे का काम किया। आत्म-साक्षात्कार की मनःस्थिति का निर्माण किया।

अपने से सवाल पूछने का माहौल तैयार किया। कोई दूसरा ही हर बार हमारा जिम्मेदार क्यों हो, हम खुद ही क्यों न अपना जिम्मा ले लें। साहित्य मनोरंजन के धरातल से नव निर्मिति के धरातल पर उतरा। साहित्यकारों में खासकर आज़ादी के बाद होश सँभालती नयी पीढ़ी ने पहले तो अपनी आज़ादी को ढूँढ़ा फिर खुद को। अपनी आज़ादी में मैं क्या हूँ–एक धर्म या एक नागरिक? एक जाति या एक नागरिक? धर्म और जाति के स्थान पर साहित्य ने राष्ट्र को स्थापित करने की कोशिश की। एक राष्ट्र जो अंग्रेजी सल्तनत के विरुद्ध स्थापित हुआ था उसमें पाकिस्तान और बांग्लादेश कहलाने वाले हिस्से भी शामिल थे लेकिन आज़ादी के साथ ही अपना ही एक टूटा हुआ राष्ट्र हमें मिला। यही टूटा हुआ नया राष्ट्र आज़ाद भारत कहलाया।

आज़ादी की लड़ाई लड़ने वाली समाज की अगली पीढ़ी सन् 1950 में संविधान निर्माण के समय से ही आज़ादी की रोटी माँगने लगी थी। लोग हर खेत को पानी और हर हाथ को काम माँगने लगे थे। दूसरी ओर आज़ादी का अर्थ और प्रभामंडल कुछ लोगों ने ऐसा रचा कि बस विरोध और ध्वंस। तिनका भर भी निर्माण नहीं। आज़ादी बीसवीं सदी के चौथे दशक में मिली और नयी पीढ़ी की छटपटाहट, उसका गुस्सा और असन्तोष हर क्षेत्र में 1960 के बाद अधिक मुखर हुआ। यह देश हड़तालों और बकवासों के लिए अपनी गरीबी से भी ज्यादा जाना जाने लगा।

योजनाबद्ध आर्थिक उत्थान के लिए जिस संगठित श्रम और धैर्य की ज़रूरत थी उसका नेतृत्व में, नयी पीढ़ी में और कुकुरमुत्तों की तरह उगते राजनीतिक दलों में घोर अभाव था। गरीबों के लिए केवल श्रमदान से जुड़ी हुई रास्ता सफाई सम्बन्धी योजनाएँ भी गाँवों तक ठीक से नहीं पहुँच पायीं। परिणाम यह हुआ कि उत्पादन और जनसंख्या का अनुपात त्रासदी की हद तक बिगड़ गया।

जब बहुत सारे लोग रोटी खा रहे होते हैं, तब उनसे भी ज्यादा लोग भूखे सो रहे होते हैं। तब मानवता की और भारत माता की कौन-सी तस्वीर बनती है? तब देश और उसकी भक्ति, एक रोटी के लिए किया जाने वाला अपराध बन जाता है। जो बन रहा है, वह बनाया नहीं जा रहा है लेकिन वह बन रहा है। ऐसा जो कुछ इस देश में आज़ादी के बाद बन रहा था वह रोटी की तलाश में भटकना बन रहा था। कृषि प्रधान देश अकाल और भुखमरी से गुजर रहा था। बड़ी-बड़ी नदियों के होते हुए देश की भूमि असिंचन से दरकी जा रही थी। भाखड़ा बाँध बना तब पंजाब से रोटी आयी। हरिद्वार से गंगा को नहरों में डाल दिया गया तो उत्तर प्रदेश की मिट्टी भी स्वर्ण-गेहूँ का उत्पादन करने लगी। भुखमरी, अकाल,

असिंचन, मौतें और अपराध मनुष्य समाज की पहचान बनने लगे थे। 1960 के बाद की कविता की भाषा अनेक प्रकार के सांस्कृतिक दुर्भिक्षों से पैदा हुई है। कह सकते हैं कि यह भाषा के भी दुर्भिक्ष से उत्पन्न हुई है।

जो रोटी के लिए भटक रहा होता है उसकी भाषा में शास्त्रीयता और विनम्रता ढूँढ़ना उसे जबरदस्ती नैतिकता के डंडे से पीटने के बराबर है। अपने श्रम से जो मनुष्य अपने लिए भी रोज़गार न पैदा कर पा रहा हो उसकी निरर्थकता की कल्पना करें! वह केवल ग़मेरोज़गार के तहत तो नहीं जी सकता? उसके परिवार और जीवन में जो कुछ चल रहा होता है, क्या वह किसी उत्कृष्ट कविता या कहानी का मसाला मात्र है? नहीं, वह कर्म के अभाव में अभिव्यक्ति का भी संकट है। क्योंकि वह न तो नौकरी पाये संगठित या प्रशिक्षित मजदूरों में शामिल हो सकता है और न वह बहुत से अशिक्षित, अप्रशिक्षित व्यक्तियों के सामूहिक प्रतिरोध का हिस्सा बन सकता है।

छठे दशक में ही भारतीय राजनीति अपनी सोद्देश्यकता खो चुकी थी। इसी का परिणाम सातवें दशक के मध्य में आपातकाल का संवैधानिक आविर्भाव था। यहाँ अकेले व्यक्ति की कोई तस्वीर नहीं बनने दी जा रही थी, जो भी चित्र बनता वह सामूहिकता और निर्वाचित अधिसंख्या का बनता था। छठे और सातवें दशक के कविता व कथा साहित्य की भाषा उग्र और क्रान्ति-धर्मिता से भरी हुई होने के बावजूद अकेले व्यक्ति की अकेली अभिव्यक्ति अथवा विरल अभिव्यक्ति के लिए राष्ट्रीय जीवन में कोई हाशिया ढूँढ़ती नजर आती है। जहाँ वह अपने परिश्रम को एक पौधे की तरह रोप सके। वह सारे दुष्कर्मों से घिरा हुआ किसी सुकर्म के पक्ष में है। उन दिनों लगता था कि अभावग्रस्त व्यक्ति के जीवन को ही दुष्कर्म की तरह परे ढकेल दिया गया था। जिनके पास इफरात से है दुष्कर्म वे भी कर रहे होते हैं। छठे और सातवें दशक की कविता ने इन्हीं दो दुष्कर्मों की सीमा पर खड़े व्यक्ति को अभिव्यक्त किया है। मैं उन दिनों हर स्थिति के लिए खुद को जिम्मेदार मान रहा था—यहाँ तक कि अपने जन्म के लिए भी। जबकि पूरे देश और पूरी दुनिया के लिए अपने को ही संकट मान लेना बड़े निराशावाद को जन्म दे सकता था। फिर भी साठ के बाद की कविता ने नगण्य और इस व्यवस्था में अनुपस्थित तथा असम्मिलित लोगों का आशागीत गाया है। नकार और निषेध के बाद उसने जीवन की स्वीकृति का अपना एक रास्ता बनाया है। उस रास्ते में अन्ध देशभक्ति, अपने अतीत पर छद्म गौरव का भाव नहीं है। 1960 के बाद की कविता की भाषा अपने अनुभव की छिलाई करती दिखती है। वह अलंकृत नहीं करती बल्कि नंगा कर देती है। 'नाटक जारी है' में वे सारे तत्त्व

शामिल हैं जो उस समय के युवा मन को विचलित किये हुए थे।

लम्बी कविता उस समय मुक्तिबोध, राजकमल चौधरी और धूमिल भी लिख रहे थे। लेकिन मेरी कविता का विषय वह युवा मन था जो आज़ादी के बाद की स्थितियों से टूट चुका था और अपने को कहीं भी मिसफिट पाता था। जैसे कवि का काम सिर्फ़ मुखौटे नोचना हो। एक चुनौती भाषा और बिम्बों की थी। प्रयुक्त भाषा और बिम्बों को मैं लगभग त्याग चुका था। एक-एक वाक्य मुझे नये ढंग से गढ़ना पड़ा। कहने, सुनने और देखने का ढंग युवा पीढ़ी बदलती जा रही थी या उसे बदला हुआ देखना चाहती थी। तंग मोहरी की पैंट की तरह कविता भी अपनी शास्त्रीय पृथुलता को हटाकर चुस्त-दुरुस्त होना चाहती थी। कविता कतई कविता जैसी नहीं रहना चाहती थी। वह कुछ बातचीत और बदलाव की चिन्ता के साथ-साथ शाम की रोटी भी चाहती थी। सुबह की रोटी की कल्पना साठ के बाद की कविता में बहुत कम है। लेकिन शाम की रोटी हर आदमी की थाली में हो और रात की नींद सबको नसीब हो, यह बहुत काल्पनिक लगता था। इन कविताओं को उस समय में जाकर भी देखना चाहिए और आज के समय में भी परखना चाहिए। तभी परिवर्तन की वास्तविक तस्वीर बन पायेगी।

ऐसे अकालग्रस्त भूख भड़काने वाले समय में न गुलामी से छुटकारे के गीत गाये जा सकते थे, न आज़ादी का गुणगान किया जा सकता था। आज़ादी के बाद, आज़ादी और मनुष्य—दोनों खतरे में पड़े हुए दिखे रहे थे। हर कोई फिर से किसी तानाशाह की कामना कर रहा था जो आये और सब कुछ को अपने एक हुक्म से ठीक कर दे। प्रथम प्रधानमन्त्री पं. जवाहरलाल नेहरू वैसे तानाशाह तो नहीं बन सकते थे, लेकिन संविधान द्वारा परिवर्तन की गति जितनी तीव्र होनी चाहिए थी—उनके चाहते हुए भी अंग्रेजी ब्यूरोक्रिटिक सेटअप के कारण वह कहीं दिख नहीं रही थी। आज भी लगता है कि अंग्रेजों के छोड़े हुए ब्यूरोक्रिटिक सेटअप के खात्मे के बिना सामाजिक-आर्थिक समानता का सपना पूरा नहीं हो पायेगा। प्रशासनिक सुधार सम्बन्धी नया ढाँचा स्थापित किया जाना, अभी भी शेष है जिसका उद्देश्य हो संविधान सम्मत नागरिक कल्याण।

1960 में मैं लगभग बीस वर्ष का था और आज़ाद देश के युवक के रूप में खुद को सबसे ज्यादा निराश और असुरक्षित पाता था। पता नहीं क्यों? शायद इसलिए कि गरीबी के कारण मैं अपनी पढ़ाई ठीक से नहीं कर पा रहा था और पढ़ भी लूँगा तो कोई नौकरी (जॉब) मुझे मिलेगी भी या नहीं? जीवन स्तर भी बहुत घटिया किस्म का था। सिनेमा में जो जीवन देखते थे उससे उसकी कोई संगति कभी बिठा नहीं पाता। प्रेम, धन और प्रतिष्ठा तीनों की आकांक्षा में

सामाजिक ढाँचे को अपर्याप्त पा रहा था। भूख, गरीबी और अनिश्चितता ज़रूर मेरा साथ निभा रही थीं।

मैं लोकतन्त्र और ईश्वर की अवधारणा दोनों से उद्वेलित था। मनुष्य की देह के मूल सृजन की स्वायत्तता इतना विस्मित किये रहती थी कि अपने को कभी-कभी एक विकसित होता ईश्वर मान बैठता था। कई साल मैं मृत्यु और अन्त में शरीर को जलाये जाने की पीड़ा से चिन्तित और व्यथित रहा। जब-जब मैं डरा तब-तब निर्भयता और सुरक्षा का भाव सारे ईश्वरों को भुलाने के लिए काफ़ी था। मैं अपने लिए कुछ भी रच सकता था। गीत जिसे मैं जब चाहूँ, जहाँ रच देता और गाने लगता। मेरा एक मीत था जो मेरे रूप में ही मेरे साथ उपस्थित और मेरे रूप में ही मेरे साथ अनुपस्थित रहता था। मैंने अपने बारे में अपने भीतर बहुत से गलत-सही निर्णय लिए। दूसरों का मेरे निर्माण में जो भी हाथ था उससे ज्यादा अराजक और दिशाहीन होने में मेरे मनमानेपन का हाथ था। मैंने अपने से ज्यादा किसी का नुकसान नहीं किया, किसी को क्षति नहीं पहुँचायी। अपने से ज्यादा किसी को नहीं बिगाड़ा। लोग दूसरों के विरुद्ध षड्यन्त्र रचते हैं, मैंने खुद के विरुद्ध रचे। ऐसे में मेरी मूर्खताओं का ईश्वर से जो गहरा शास्त्रार्थ चल रहा था उसी ने मेरे कवि का निर्माण किया। कल का सीखा हुआ शब्द मुझे बहुत सारी जगहों पर बहुत सारे व्यक्तियों में अलग-अलग तरह से काम करता हुआ दिखता था। मैं उस शब्द को अपने जीवन में एकदम मेरी तरह काम करता हुआ देख रहा था। कुछ समय बाद मैं अपने शब्दों से रची भाषा को अलग से पहचानने लगा। मुझे लगा कि अपने शरीर में मैं उतनी अच्छी तरह नहीं रह पाता हूँ जितना अपनी बनायी भाषा के शरीर में रह पाता हूँ या मुझे भ्रान्ति थी कि अपनी भाषा की बनायी देह में रहना ज्यादा सटीक है या देवी सर्वभूतेषु भ्रान्तिरूपेण संस्थिता। इस तरह मैं पूरी तरह कविता की भ्रान्ति में पड़ गया। अपनी भ्रान्ति और अपने विस्मय का यह यथार्थ, कल्पना से ज्यादा झूठ और यथार्थ से बड़ा सच नहीं था।

लोकतन्त्र, ईश्वर, सुख-दुःख, प्रेम-युद्ध और घृणा। भूख, अकाल और मृत्यु। ऐसे कई विषय हैं जो भले ही आदिकाल से स्पृहा, स्पर्धा और ईर्ष्या के कारण रहे हों, लेकिन 1960 के आस-पास ये अत्यन्त समकालीन विषयों की तरह मेरी जीवनी को डिस्टर्ब करने चले आये। मैं और मेरे दोस्त उत्पादन, तकनीक और वितरण व्यवस्था पर कभी-कभी बचकाने ढंग से और कभी-कभी गम्भीरता से सोचते थे। हमने कोई आविष्कार तो नहीं किया पर हर चीज़ पर अपने को बदले हुए दृष्टिकोण से सोचने के लिए तैयार ज़रूर किया।

ईस्वी सन् 1960 के बाद का समय हमारी युवा पीढ़ी के लिए सोच, विचार और कर्म के स्तर पर क्रान्तिकारी परिवर्तनों का समय था। देश को आज़ाद हुए अभी कुल जमा पन्द्रह बरस हुए थे, लेकिन हमें लगता था कि नहीं, यह देश-काल पहले भी ऐसा ही रहा होगा, सुस्त, बातूनी और नंगा। आज़ादी का मतलब था किसी के लिए कुछ भी कह देने की आज़ादी। जबान की आज़ादी थी, पेट भरने की आज़ादी नहीं थी। खाने-कमाने के कम साधनों के बावजूद असहमति और असहयोग की आदत बढ़-चढ़कर अपना कमाल दिखा रही थी। हड़तालों का एक दैनिक सिलसिला असत्ताधारी दलों ने निकाल लिया था। जिससे लोग सहमत-असहमत होते रहते थे। आज़ादी के बाद की हड़ताली चेतना को ही लोग क्रान्ति के नाम से जानने लगे। पढ़े-लिखे और अनपढ़ दोनों की बेराजगारी आत्महत्या को बढ़ावा दे रही थी। कांग्रेस पार्टी का विरोध इतनी तीव्रता से बढ़ने लगा कि डॉ. लोहिया की समाजवादी पार्टी और वामपन्थी कहलाने वाली तरह-तरह से बँटी हुई कम्युनिस्ट पार्टियों के प्रति लोगों का रुझान बढ़ता जा रहा था। सारे देश को अपने झंडे के नीचे लाने की इच्छा रखने वाले कम्युनिस्ट स्वयं कभी एक नहीं हो पाये। जितना समाजवादियों सहित वे आज़ादी के साठ वर्ष बाद कांग्रेस को समर्थन देने के लिए इक्कीसवीं सदी के पहले दशक में एक हो पाये अगर उतना पहले ही एक हो गये होते तो कांग्रेस का सही विकल्प तैयार हो गया होता।

उस समय भी नये प्रयोगों से हिन्दी कविता को प्रगतिशील बनाने वाले एक दर्जन से भी अधिक पूर्ववर्ती बड़े कवि फलक पर मौजूद थे। उनके बीच से अपनी कविता के जरिये, नये ढंग से, दुनिया के अदृश्य में झाँकने की जगह बनाना बहुत मुश्किल काम था। मुक्तिबोध के बाद राजकमल चौधरी और धूमिल अपनी पहचान बना चुके थे। तब मेरा आना हुआ। मेरे जैसे नवागन्तुक, नवाभ्यासी, उत्सुक और उद्यत अन्य नाम भी सामने आ रहे थे, जिनमें से बहुतों ने आत्महत्या कर ली, बहुत से टिके रहे और कुछ तो आज भी रचनारत हैं। मैं जब राजस्थान में पढ़ने-लिखने के नाम पर संस्कृत विद्यालयों की खाक छान रहा था, तभी से मैंने गीत-अगीत लिखने शुरू कर दिये थे। उस समय मैंने छन्दोबद्ध लिखने पर बहुत मशक्कत की। शायद यही वजह है कि कविता के पूर्णतः गद्यात्मक होने के बावजूद विविध प्रकार की श्वासाधारित लयात्मकताओं के साथ-साथ भाषा की अपनी लयात्मकता ने मेरा साथ नहीं छोड़ा। भला इससे क्या बनता-बिगड़ता है? फिर भी मैंने अपनी तत्कालीन कविता के द्वारा राजकमल चौधरी और धूमिल का ध्यान अपनी ओर खींचा। फलतः धूमिल और काशीनाथ सिंह भी मुझ जूनियर को

बराबरी का स्नेह देने लगे। धूमिल ने 'बलदेव खटिक' कविता को पढ़कर कहा था कि तुम मुझसे आगे चले गये हो। इस तरह का बड़प्पन धूमिल में था। लेकिन मैंने अपने समय और अपने अनुभव द्वारा कमाई हुई भाषा पर ही भरोसा किया और नापसन्दगी के बावजूद उसे ही अपना आदर्श माना। रोज़ एक नयी जीवन स्थिति और उसको प्रकट करने वाले मुहावरों की खोज में मैं डूबा रहता था और इसके अलावा मैं कुछ कर ही नहीं पा रहा था। कवि होना ज़रूर मेरा लक्ष्य था पर कवियों जैसा कवि नहीं। स्थापितों में जो स्थगित कवि थे उन्हें क्रोधित करते हुए मैंने कविताएँ लिखीं। स्थापितों में जो सतर्क और विकासशील कवि थे उनसे मुझे थोड़ी सी प्रशंसा और बहुत सारी सीख मिली। इस तरह के सदाशयी और कविता को कोई नया रूप देने को लालायित कतिपय कवियों को चकित-विस्मित होते हुए सच्चे हृदय से स्वागतोन्मुख भी देखा। जो कविता में मेरे हस्तक्षेप से नाराज थे उन्होंने कहा कि यह व्यवस्था विरोधी नाराज कविता है। जो थोड़े उदार थे उन्होंने कहा कि वामपन्थ जिस अमूर्त व्यवस्था से लड़ रहा है, उससे लड़ती हुई यह नयी और युवा कविता है। नक्सलबाड़ी आन्दोलन के साथ-साथ और बाद में यहाँ भूखी और श्मशानी पीढ़ी की कविता भी प्रचारित की गयी।

यह वह समय था जब मैं कैशोर्य से युवा होने की ओर निरन्तर अग्रसर था। मेरी इण्टरमीडिएट मैंटेलिटी और मेरी अनेक असमर्थताएँ मुझे नये-नये अनुभवों की तलाश में भटकाती रहीं। यह वह समय था जब रोज़ी-रोटी और सेक्स दालभात की तरह ज़रूरी लगने लगे थे। उन दिनों मेरे भीतर न केवल कविता बदल रही थी बल्कि संगीत भी बदल रहा था। कुल जमा जिन्दगी का पूरा विन्यास बदल रहा था। कुछ भी अपनी जगह कायम रहने को तैयार न था। न देश, न धर्म, न ईमान, न खुद अपना मनुष्य होना। आज़ादी का अर्थ ढूँढ़ने की एक आर्थिक दौड़ शुरू हो गयी थी। सामाजिक समानता के उपायों के प्रति अटूट जिज्ञासा अलग ढंग से जगाती रहती थी। जिज्ञासा और तनाव के बीच उद्भूत ईमानदारी का भाव इस रूप में काम कर रहा था कि कविता में अपनी ही पोल खोलने का मेरा अभियान सा चल पड़ा था। मैं सारी गड़बड़ियों के लिए खुद को ही जिम्मेदार मानने लगा था। इस तरह की आत्मद्वन्द्व और विरोधाभासी स्थितियाँ मेरी उस समय की कविता में देखी जा सकती हैं। अन्तर्द्वन्द्वों और विरोधाभासों से भरी वह ऊर्जा मेरी इक्कीसवीं सदी की कविता तक फैली हुई है। पर अब मैं यह मानता हूँ कि सब कुछ मेरी वजह से ही गड़बड़ नहीं है बल्कि संस्थाबद्ध व्यवस्थाओं की ठीक से समझ न होने के कारण गड़बड़ियाँ ज्यादा हैं। चीज़ों का मूल्यांकन ऐन्द्रिक स्तर के अलावा सामाजिक स्तरों पर ज्यादा होना चाहिए।

अपना समाज भी दुनिया भर के समाजों के बिना अधूरा है। समाज माने—केवल अपना राष्ट्र, यह धारणा कोई डिक्टेटर ही पसन्द कर सकता है। 1960 के बाद की पीढ़ी ने राष्ट्रवाद की धारणा को पहले तो बड़ा मुद्दा बनाया, उसके बाद उसे प्रगतिशील राष्ट्रवादी दृष्टिकोण से परिभाषित किया और उसी के अनुरूप समस्त रचनाशीलता को आगे बढ़ाया।

जैसे अठारहवीं सदी का उत्तरार्द्ध दुनिया में यन्त्र विधि के क्रान्तिकारी विकास के लिए याद किया जाता है उसी तरह उन्नीसवीं सदी का उत्तरार्द्ध भी नयेपन के अतिरिक्त आग्रह के लिए साहित्य के सामाजिक इतिहास में याद किया जायेगा। पश्चिम से लेकर पूर्व तक, उत्तर से लेकर दक्षिण तक सारी दुनिया की भाषाओं में, साहित्य में, संगीत में, चित्रकला में, नाटकों में, सिनेमा में एक साथ यह भावना बुलन्द हुई कि इसमें 'नया' क्या है? नये के इस प्रबल आग्रह से अनेक तरह की रचनाएँ सामने आयीं। कुछ विस्मयकारी, कुछ क्रान्तिकारी, कुछ भ्रान्तिकारी, कुछ चमत्कारी और कुछ रोमांचकारी; सार्थक हो निरर्थक हो लेकिन नया हो। मध्यप्रदेश में चिंचालकर नाम के चित्रकार ने घिसी हुई हवाई चप्पल से विश्व सुन्दरी का चेहरा बनाया था और झाड़ू से उसके बाल बनाये। शास्त्रीय संगीत के क्षेत्र में कुमार गन्धर्व, भीमसेन जोशी, मालिनी राजुकर, किशोरी अमोनकर तथा फिल्म संगीत में किशोर कुमार और आशा भोंसले इत्यादि का प्रादुर्भाव काल 1960 का ही दशक है।

साठ के बाद के मुख्य आग्रह थे निर्जीव मान्यताओं को ध्वस्त करो। अपनी नाराजगी का पुरजोर इज़हार करो। भावुकता से इनकार करो। यथार्थ जैसे खुरदुरे बन जाओ। जो क्षरित हो रहा है उसके क्षरण में मदद करो। जो नष्ट नहीं हो रहा उसकी ताकत को पहचानो और यह जानो कि क्या सचमुच उसकी शक्ति बचाने लायक है? अगर नहीं तो उसे भी धर्म और राजसत्ता की तरह व्यवस्था मानते हुए उसका भी उन्मूलन की हद तक विरोध करो। अपनी बात कहने के लिए भी नयी भाषा लाओ, नये मुहावरे गढ़ो या खोजो। अपनी निरर्थकता और उदासी के मूल कारणों को उसकी सम्पूर्ण विकलता के साथ समझो। पुराना तुम्हारे किसी काम का नहीं है, इस दुनिया को तुम अपने लायक नये सिरे से रचो। पश्चिम के युवाओं ने उस समय अपनी राष्ट्रीय, पारिवारिक और वैयक्तिक समृद्धि को तिलांजलि दी। कुछ नंगे पैर चले, कुछ निर्वस्त्र हो गये। पॉप संगीत और हिप्पियों के हुजूम से हिन्दुस्तान भर गया। गरीब देश में जब समृद्ध देशों के नंगे लोग नशेड़ियों, गंजेड़ियों और भिखारियों की तरह अपने 'नयेपन' के अहसास बटोरने के लिए घूमने लगे तो यहाँ की नयी पीढ़ी को लगा कि एकता का जो

काम अमीरी न कर सकी वह गरीबी ने कर दिखाया। नयी पीढ़ी विवेकानन्द और महात्मा गाँधी की ओर न जाकर स्वातन्त्र्य से उत्पन्न निरर्थकता को भुलाने के लिए आचार्य रजनीश उर्फ ओशो के ध्यान शिविरों में जाने लगी। वामपन्थी विचारों से अधिक लोकप्रियता डॉ. लोहिया ने बटोरी। क्योंकि लोहिया भारतीय माइथोलॉजी के माध्यम से आधुनिक भारतीय राजनीति की व्याख्या करते थे। नेहरू के बाद सामाजिक परिवर्तन के कई खूँटे साफ-साफ दिखाई देने लगे। माओ, चारु मजूमदार, कानू सान्याल, अमृतपाद डांगे और ज्योति बसु का साम्यवाद अलग-अलग दिशाएँ बताने लगा। सामाजिक परिवर्तन का आकांक्षी वामपन्थी (मार्क्सवादी) आन्दोलन अपने को भारतीय संसाधनों और जमीनी हकीकतों से नहीं जोड़ सका। उतना भी नहीं जितना कि आगे चलकर उसने स्वयं को कांग्रेस से जोड़ा। सारी राजनीति आज इस मुकाम पर आकर ठहर गयी है कि अध्यात्मवाद से परिवर्तन आयेगा। अध्यात्मवाद से परिष्कार आ सकता है परिवर्तन नहीं। परिवर्तन के लिए तो राजनीति को ही अधिक मानवीय और अधिक वैज्ञानिक बनाना पड़ेगा। राजनीतिक रूप से अभी भी पूरा भारतीय समाज मुझे अपरिपक्व और भटका हुआ लगता है।

1960 के दशक में ही एक साम्यवादी कहलाने वाले देश से भारत ने जो मात खाई वह खोया हुआ आत्मविश्वास एक पड़ोसी से तीन-तीन युद्ध जीतने के बाद भी वापस न आ सका। आज अगर भारत बिना लड़े चीन को बौद्धिकता से जीत सके तो इससे बड़ी जीत दूसरी नहीं हो सकती। चीन की वर्णमाला बहुत अवैज्ञानिक और दुरूह है। अगर चीन अपनी 'मंदारिन' के लिए देवनागरी लिपि अपना ले तो भारत-चीन की मैत्री फिर से स्थापित हो सकती है। चीन विस्तारवादी है, चीन को भूमि और लिपि दोनों दे दो। चीन को एक न एक समय अपने लिए आधुनिक, वैज्ञानिक और हर तरह की ध्वनि को सरलतापूर्वक लिखने वाली लिपि तो आयातित करनी ही पड़ेगी। क्योंकि जो लिपि चीन के पास है उसकी पद्धति के सहारे कोई मनुष्य दुनिया के सम्पूर्ण ज्ञान को अपने छोटे से जीवनकाल में आत्मसात नहीं कर सकता।

मेरी कविता पर 1965 के अकाल की गहरी छाया है। मेरी कविता कृत्रिम अकाल और असली भूख के बीच का द्वन्द्व हर वक्त महसूस करती है। मैं भूल नहीं सकता उस अभावपूर्ण जीवन को जो होते हुए भी हर जगह अनुपस्थित था। अपने अस्तित्व की अनुपस्थिति ने एक नये यथार्थ को प्रस्तुत करने वाली भाषा ढूँढ़ने में मदद की। असल में साठ के दशक में मनुष्य होने के अस्तित्व ने पहली बार नये ढंग से अपनी अस्मिता की तलाश शुरू की। जीवन की व्याख्या

में मेरी कविता नहीं जाती बल्कि पहले वह उसे बदलने के आग्रह की ओर जाती है। जहाँ बार-बार यह ध्वनि सुनाई देती है कि व्यर्थ जीवन एक अघोषित मृत्यु है। अनुभव का शास्त्र हो या विकास का सिद्धान्त, इनके माध्यम से अच्छे अर्थों में बदलता हुआ जीवन भी एक प्रकार की सुखद मृत्यु मरता है। जिस मृत्यु का अर्थ है एक विशाल जीवन में प्रवेश करना।

अब ऐसा समय आ रहा है जब युद्ध नहीं अच्छे विचार और बेहतर जीवन लोगों की वैश्विक आकांक्षा बन जायेंगे। तब राष्ट्रों की सीमाएँ खेतों की मेंड़ और दूकान के शटर से बड़ी नहीं होंगी। न लड़कर ही एक-दूसरे को मात दी जा सकेगी। ऐसे समय में जिन देशों से भी कोई हारा और जीता है उनका विश्लेषण पारम्परिक तरीकों से नहीं होगा। विश्लेषण के औजार तो बदलेंगे ही निष्कर्ष भी बदल जायेंगे।

बोलने की आज़ादी केवल एक भाषिक छलावा और पछतावा बनकर न रह जाये, उसका खुलासा करती यह कविता (नाटक जारी है) व्यक्तिगत जीवन और सामाजिक जीवन के बीच का पर्दा हटाती है। सारे भगोड़े पात्र इसमें अपनी भूमिका के अलावा सब कुछ करते दिखाई देते हैं। सिर के बाल बनाने तक की प्रक्रिया एक सामाजिक- राजनीतिक गतिविधि लगती है। जो कमजोर हैं, गिर रहे हैं, उन्हीं को उखाड़ने में यह व्यवस्था सहायक हो रही है। व्यवस्था हमारे उन्नयन में नहीं बल्कि पतन में सहायक हो रही है।

किसी समस्या के निष्कर्ष में भी यहाँ एक और समस्या निकल आती है। इस कविता का शिल्प कड़ियों में फँसी कड़ी ही आगे बढ़ाती है। सीधे-सीधे इस कविता में प्रवेश कठिन लगता है लेकिन एक बार आप यह समझ लें कि आज़ादी के बाद के छठे-सातवें दशक के भारत के युवकों के मोह, व्यामोह, विडम्बनाओं और अन्तर्विरोधों से यह कविता टकराती है, टकराने की उसकी शैली सीधी-सीधी न होकर थोड़ा जिन्दगी की तरह टेढ़ी-मेढ़ी है, तब आप इस नाटक को अपने मस्तिष्क के मंच पर घटित होते हुए महसूस कर सकते हैं। यथार्थ और कल्पना के बीच यह नाटक जीवन और परिस्थितियों से उपजी हुई भाषा में घटित होता है।

कविता की जो भी अवधारणाएँ 1960 तक हिन्दी में स्थापित थीं, उनका प्रयोग प्रायः इस कविता में नहीं हुआ है। यह कविता अप्रतिष्ठित जीवन की तरह अप्रतिष्ठित भाषा और बिम्बों में अपने अस्तित्व को देखती है। उसी विस्थापित भाषा और बहिष्कृत अभिव्यक्ति से यह कविता अपनी स्थापना और अपनी लड़ाई लड़ती है। यह जितना दूसरों पर हमलावर दिखती है उससे कहीं ज्यादा स्वयं

पर व्यंग्य करती चलती है। इस कविता की भाषा अन्तर्निहित अप्रत्यक्ष से पैदा होती है और उपस्थित वातावरण पर छा जाना चाहती है। छठे-सातवें दशक में कविता के लिए ऐसी जोखिम भरी भाषा पैदा करना कोई सरल कार्य नहीं था। अनेक घातक आलोचनाओं के बाद भी इस भाषा ने अपने युवा पाठकों के मन में जगह बनायी है। क्योंकि यह भाषा उन लोगों की धड़कनों से बनी है जिन्हें विद्यालयों या विश्वविद्यालयों में पढ़ने का मौका नहीं मिलता।

पेट और प्रजातन्त्र के बीच
आदमी एक दरार की तरह खड़ा है
और हर दरवाजे पर परदा
बवंडर की तरह पड़ा है।

स्वप्नभंग का स्वप्न

एक स्वस्थ गाय की मृदुलता ओढ़कर
ओबरे में
सपना देख रहे हैं बैल

अपने त्यागे हुए संसर्ग के कीचड़ में
सोये हुए
पेड़ों पर चढ़कर नये पत्ते
खा रहे हैं—बैल

उनके वसन्तपीड़ित वन में
पृथ्वी खड़ी है और पेड़ पड़े हैं
कभी खेत बन जाते हैं लाल-हरे पत्ते
कभी फसल

वे हरेक टहनी को चबा रहे हैं
ताकि लाठियाँ खत्म हो जायें।

इस वक्त उनके सपने में आदमी
चींटों की तरह रेंग रहे हैं
और अपने लगातार अतिक्रमण के साथ
उनकी पेशाब की धार में बह रहे हैं
हम तुम्हारे लिए लायेंगे बाघ की खाल
—वे गाय से कह रहे हैं—
पेड़ से मत उतरो

वरना ज़मीन पर हम वही हो जायेंगे
तत्काल

देखो
वे चींटे रेंगते हुए आ रहे हैं
इस बार तुम मूतो। इन्हें बहा दो
इन्होंने तुम्हारा बहुत आचमन किया है

कब वे कई हज़ार फीट ऊँचे
इस पहाड़ पर चढ़ेंगे
कब वे पेड़ों पर चढ़ेंगे
कब फिर वे हमारी टाँगों पर चढ़ेंगे
इसमें उन्हें अनेक वर्ष जूझना पड़ेगा
और अगर वे चढ़ भी आये
तो हम अपनी पूँछ से सारा शरीर झाड़ देंगे
पता नहीं यह अब
कितने वर्षों बाद सम्भव हो सकेगा
कि चींटे हमें हाँककर ले जायें
और जोत दें
—और हम भी अब वे नहीं रहे
जो हमेशा की तरह जुत जायें—
तभी
एक बैल की पूँछ से
दूसरे के गले की घंटी बज उठी
अभी न आदमी उठे थे
न रात खत्म हुई थी
अपने रग-पुट्ठे तड़तड़ाते हुए बैल
ओबरे में खड़े हो गये
और अपने ही सपने पर मूतने लगे।

यह कविता मुझसे अलग हो गयी है लेकिन मैं इस कविता से अभी भी अलग नहीं हो पाया हूँ। लगता है जैसे कुछ छूट गया। पर जो कुछ छूटा है वह इसे पूरा

बनाने के लिए ही छूटा है। जैसे इसके वे पिछले आकार छूट गये जो इसकी भावी शक्ल लगते थे। सरलीकरण और अमूर्तता ज्यादा झलकती है। स्वप्न जैसी।

समकालीन कविता की रूढ़ि से बचने के लिए कई बार सपाटता का नया भार उठाना पड़ता है। मसलन, किसी अनुभव को इतना फैलाव दे देना कि उसमें मूल अनुभव के खो जाने की हल्की-सी आहट भी शेष न रह जाये। यानी कि निरन्तर 'खोने', 'छीजने' और 'नष्ट होने' की 'बेआवाज़ हरकत' ही कविता की अन्त तक बनी रहने वाली 'पहली आवाज़' बन जाने की खतरनाक स्थिति पैदा हो जाती है। अनुभव के खोने की यह ध्वनि अकसर 'खोये हुए अनुभव' की पहचान को ना-खास कोलाहल में ले जाकर बे-मौत मार देती है। समकालीन जीवन के कोलाहल में 'खोने', 'छीजने' और 'नष्ट होने' की अनेक अकेली-अकेली आवाज़ें एक ऐसे वास्तविक संसार को बनाती हैं जिसमें स्वप्न जब स्वप्न नहीं रहेगा तो दैनिक जागरण की यातनाओं का सिलसिला भर रह जायेगा। एक ऐसा सिलसिला जिससे हर कोई मुक्ति चाहता है।

अपनी शक्ति से अधिक की विजय प्राप्त करना कभी-कभी स्वप्न के संकट से उत्तीर्ण हो जाना है। मगर उत्तीर्ण हो जाना बरी हो जाना नहीं है बल्कि और अधिक फँस जाना है। स्वप्न में खड़ी चीज़ों के अन्दर आवाज़ का होना और वहाँ खड़े आदमियों में खून का होना, विचार का होना, जय और पराजय का होना; अदृष्ट जगहों का होना, हमें कविता की समर्थ भाषा की ओर ले जाता है। एक तरह से उस भाषा में जिसमें 'एक बात' दूसरी बात का सपना देखती है : कदाचित् चरितार्थ होने में भंग हो जाने का सपना। यहाँ पर एक अर्वाचीन उक्ति याद आती है : 'लिंग भंगो हि मोक्षः' अर्थात् पहचान का मिट जाना ही मोक्ष है। आज बहुत-सी चीज़ों की पहचान मिट गयी है ऐसा कभी-कभी हमारी कल्पनाहीनता की वजह से हुआ है। जहाँ पर 'लिंग' के द्वारा सामाजिक प्रतिष्ठा का निर्धारण होता हो (जैसे कि पुरुषों द्वारा अपनी श्रेष्ठता का निर्धारण) वहाँ पर 'लिंग-भंग' एक क्रान्तिकारी विचार बनकर ग़ैरबराबरी से मुक्ति दिला सकता है।

एक ज़बर्दस्त कल्पनाहीनता इस बीच पनपी है। मान लीजिए कि यथार्थ है, दृश्य है, अव्यवहृत भाषा है, टटका बिम्ब है; उग्रता-दद्दंडता, आक्रोश और तनाव, सब कुछ वहाँ है लेकिन इन सबके पीछे वह 'कल्पना' नहीं है जो 'प्रसंग' को और पुष्ट करती है। अधिक जीवन्त और मारक बनाती है। कल्पना-शक्ति का क्षय रचना को केवल आँकड़ेबाज़ और सूचना-प्रधान बना देता है। 'कल्पना' से मेरा मतलब 'काल्पनिक' से नहीं है और न उपमाओं के गोदाम से है। मेरा तात्पर्य उस 'द्वन्द्व' से है जो दो सुदूरवर्ती चीज़ों के बीच सम्बन्धों का पुल बनाता है।

जो क़तई असम्बन्धित और विपरीत दिशाओं की ओर जाने वाली चीज़ों के बीच भी मौजूद है। जिसे कभी अगर रचनाकार छूता है तो शब्दों की एक अज्ञात लड़ बिजली की तरह चमक उठती है। जो शब्द वहाँ होते हैं वे भाषा की टकसाल में भले ही पहले से मौजूद थे मगर एक-दूसरे की बग़ल में उस तरह पहले कभी नहीं थे। यानी कि वे वहाँ पर अपने अभ्यास से बाहर होते हैं और इसीलिए वे किसी नये अर्थ में चमकते हैं। किसी प्रसंग के इस कल्पना-प्रसूत आकार को 'दृढ़' या 'दुर्बलतर' शिल्प की संज्ञा दी जा सकती है।

आदमी में और पशु में जो भी अन्तर है वह काल्पनिक अन्तर नहीं है। 'पशु' आदमी की भाषा में केवल 'जानवर' नहीं है बल्कि वह एक 'प्रवृत्तिवाचक' मुहावरा भी है। आदमी अपने भीतर के पशु को अपनी कल्पना से महसूस कर लेता है और इसीलिए आसपास की दुनिया उसकी दृष्टि में 'गोचर' रही है। आदमी कई तरह के अन्धकार में गड़े हुए खूँटों से बँधा हुआ रहा है। गाय की तरह एक-एक खूँटे के पास जो जितनी दूर तक चर सका, उतना ही 'दृष्टिगोचर' हो गया। जहाँ तक नजर गयी पूरा चर डाला। यानी कि भूख-भर नहीं, दृष्टि-भर चरा। इसी तरह यथार्थ दृष्टिगोचर होता रहा। आदमी और पशु के अन्तर को आदमी समझता है, जिस तरह अन्य कई चीज़ों को समझता है, और समझकर झेलता है। झेलने के खिलाफ जूझता और विद्रोह करता है। विद्रोह कभी पशु भी करता है लेकिन वह उसे समझता नहीं है और न उसके पास कोई विकल्प होता है। उसकी अपनी कोई विचारधारा, अपनी कोई स्मृति या सन्दर्भ नहीं है। पशु के पास एक प्रबल कल्पना-शक्ति और परिणामों के पूर्वाभास का अभाव होता है इसलिए वह घेर लिया जाता है। जीत लिया जाता है। आम आदमी भी आज उसी तरह 'घेरा' और 'जोता' जा रहा है। उसे सारी विचारधारा और सारे प्रसंगों से धीरे-धीरे काट दिया जा रहा है।

पशु का ध्यान सिर्फ़ चारे पर है। वह जिस ज़मीन को जोतता है उससे न उसके रागात्मक सम्बन्ध हैं और न राजनीतिक। वह केवल अपनी भूख में फ़सल की हरियाली को करवट बदलते हुए देखता है। आदमी और पशु इस स्तर पर एक से हैं कि जिसे बोता है उसी पर मुँह मारता है। अगर आदमी के पास मुँह मारने के कुछ बड़े तर्क न होते तो समाज में ढँकी हुई पाशविक प्रणाली जल्दी दृष्टिगोचर हो गयी होती। आदमी के दिमाग़ में अपने बोये हुए का एक पुख़्ता तर्क ही नहीं है बल्कि एक सुचिन्तित उपयोग भी है। लेकिन पशु के दिमाग़ में केवल अपनी भूख और उसके ग्रास हैं। उसके लिए वे घास हैं, हमारे लिए जो धान के पौधे हैं।

आदमी ने धान का खेत रोपा और जोत पर से छूटे हुए बैल ने मौक़ा मिलते ही पौधों पर मुँह मार दिया। आदमी ने डंडा लिया और उसकी पीठ को साटन की तरह पीट दिया। क्योंकि वह उसका बैल है। खेती का आधार और एक क़िस्म का भाई भी। लेकिन वहाँ पर सिर्फ़ भावनाओं का सवाल है। अपनी-अपनी भूख का सवाल बिल्कुल जुदा है। बल्कि भावनाओं का सम्बन्ध भी किसी-न-किसी तरह की भूख से ही होता है। भूख जब हद फाँद लेती है तो कभी-कभी प्रचलित आदमियत और प्रचलित न्याय के भी विरुद्ध चली जाती है। किन्तु भूख भविष्य को बेहतर बनाने की ऊर्जा भी देती है। विवेक और न्याय के प्रति एक अजीब तरह का स्वार्थ पैदा हो जाता है जो आदमी में अपार सुख की भूख भड़का देता है। ऐसे में भूखे लोगों के बीच बार-बार न्याय और इंसानियत की बात करना उन्हें धोखा देना है। दरअसल मनुष्य से संसार की सारी चीज़ें चौंकी हुई हैं और मनुष्य चीज़ों की दुनिया से चौंका हुआ है। वह अपने आधार के प्रति उतना उदार और सजग नहीं है जितना अपने आधेय के प्रति। केवल आधेय के प्रति यह अतिरिक्त सजगता या लगाव आधारहीनता की ओर ले जाता है। आधार यदि खींच लिया जाये तो आधेय चरमरा कर गिर पड़ेगा। कहीं-न-कहीं भूख और समृद्धि का द्वन्द्व हमारे सम्बन्धों का आधार है। भूख, स्वप्न और स्वतन्त्रता इस कविता के केन्द्र में बतौर आधार, शब्दों से जुड़े ऐसे अर्थस्रोतों के रूप में प्रवाहित हैं, जो कथ्य को नहला कर बिल्कुल नया बना देते हैं।

आदमी भी अपने स्वप्न की बग़ल में, उन सपना देखते बैलों से मुझे कहीं अलग नहीं दिखाई देता। गुलाम अपने सपने में अचानक एक भाषा और युक्ति से भरपूर होकर बड़ी ताक़त में बदल गये हैं। प्रतिरोध में बदल गये हैं। हाँकने वालों के खिलाफ वे अपनी भूख के सबसे अधिक स्वादिष्ट प्रसंग से गुजरते हुए अपनी शक्ति का सपना देख रहे हैं। अपनी इच्छा का, अपने उद्देश्यों का, अपनी मुक्ति का सपना। अपनी शक्ति की खोज इन दिनों सचमुच एक सपना हो गयी है। शक्ति का स्रोत केवल उसकी पहचान में नहीं है बल्कि उसके इस्तेमाल में है।

जिस प्रकार किसी चीज़ के उपयोग से उसके सम्बन्ध में एक खास क़िस्म की प्रतीति होती है, ठीक उसी प्रकार कविता भी क्या हमारे इस्तेमाल की कोई चीज़ हो सकती है?

कविता अपनी प्रतीति दिलाने में उन सारी वस्तुओं से अधिक समर्थ है जो अपने उपयोग में ही नष्टःप्राय हैं। कविता अपनी प्रतीति कराने में नष्ट नहीं होती। जिस प्रकार आदमी के कतिपय व्यवहारों से अनेक प्रतिक्रियाओं के साथ-साथ

उद्देश्यों की संगति व असंगति के गुप्त विवरण सामने आते हैं उसी प्रकार कविता आदमी की चेतना, उसके स्वभाव के विस्तार और सामाजिक स्फुरणों का पता देती है। असल में कविता कई तरह के भेद बताती है।

यह कविता जानवरों द्वारा देखा गया एक सपना है : देहान्तरित होने की एक घटना। आदमी के जागरण में क्रान्ति जैसी और पशुओं के जागरण में दूसरे संसार जैसी घटना। लेकिन मेरी कविता में अगर पशु सपना देखते हैं तो यह भी मेरी मनुष्य-इच्छा का ही परिणाम है। इच्छाएँ 'पुराणों' से भी अधिक पुरानी हैं। मनुष्य द्वारा मनुष्य का शोषण और फिर उसका विरोध बीसवीं शताब्दी का 'नव-पुराण' है। हमारे संवेदन में, हमारे विचारों में, शोषण की तथ्यात्मक मुख़ालफ़त ने बहुत फ़र्क़ पैदा किये हैं। शोषित मनुष्य की गाथा और शोषक के अत्याचारों को शब्दों द्वारा बहुत उज्ज्वल बनाया जाता रहा है। या तो बहुत पीड़ा या फिर बहुत घृणा ही लिख-लिखकर रची जाती रही है। लेकिन शोषित आदमी द्वारा उत्पीड़ित पशु को मानवीय संवेदनों के बीच फड़कने का अवसर नहीं मिला। शोषित आदमी द्वारा उत्पीड़ित पशु के प्रसंग नहीं रचे गये। आदमी केवल खुद को ही शोषित और उत्पीड़ित महसूस करता रहा। पशुओं की पीड़ा के 'गवाक्ष' अनुद्घाटित ही रहे। प्रेमचन्द की कहानी के बैल (हीरा-मोती) भी वही आचरण करते हैं जो मनुष्य के मनोनुकूल है। इच्छापूर्ति सम्बन्धी मानवीय आचरण की अनुकूलता पशुओं तक में अपनी ही इच्छाओं को प्रतिफलित होते देखना चाहती है।

पशु हमारी जीविका और भोजन से किसी-न-किसी रूप में जुड़ा हुआ है। सांस्कृतिक जंगल में तो पशु की उपस्थिति और उसके संसर्ग से कहीं भी मुक्ति नहीं है। पशुओं को अगर भाषा से निकाल दिया जाये तो आधा से ज्यादा तथ्य और प्रतीक, बिम्ब और उपमाओं से हाथ धोना पड़ेगा। तब शायद अपने भीतर के पशु से ही काम चलाना पड़े और उसी पर निरन्तर हाथ फेरते रहना पड़े।

इस कविता में चींटियाँ भी हैं, बल्कि चींटे हैं। चींटे शोषक नहीं होते। वे बड़े मेहनती और सामुदायिक भावना के उदाहरण तो होते ही हैं मगर एक क़िस्म से वे नगण्यता के प्रतीक भी होते हैं। आम आदमियों की तरह वे 'भीड़वृत्ति' के साथ-साथ आत्मरक्षा से पैदा अनुशासन को भी बखूबी निभा लेते हैं। वैसे वे अहिंसक होते हैं लेकिन छेड़ने पर अत्यन्त उग्र भी। चींटे सर्वहारा हैं : सबसे निचली श्रेणी के और मामूली क़िस्म के जीव, लेकिन अद्भुत संगठन के प्रतीक। वे अपनी जाति के हिरावल होते हैं। वे कहीं भी फूट आते हैं। उनको जन्मते किसी ने नहीं देखा, उन्हें आते हुए सभी देखते हैं। उनका असली संसार अंडरग्राउंड होता है, मगर वे जब बाहर आते हैं तो सेना की तरह आते हैं।

पशु और चींटे, दोनों नगण्य और दलित। एक नगण्य अपने से अधिक नगण्य को देखकर खुश होता है। पशु शक्ति के पुंज हैं। चींटे समझदारी, सहकारिता और संगठन के बावजूद मानवीय दृष्टि में अशक्तता के देहकण। इन्हीं कुछ दोहरी असमर्थताओं ने इस कविता को रचा है।

कविता भाषा में ढले हुए अनुभव की लगातार एक ऐसी मरम्मत है जो चिनी हुई दीवार के भीतर भी जारी है। पशुओं से लेकर पेड़ों तक जारी है। मनुष्य के अत्याचार से लेकर मनुष्य के विरोध तक जारी है। पत्थर से लेकर मूर्ति तक और मूर्ति से लेकर आत्मस्वीकृति और ग्लानि और आक्रोश के सबसे अधिक चमकीले या सबसे अधिक अँधेरे क्षण तक कविता इस संसार की निकृष्ट सार्थकता और विशिष्ट निरर्थकता के बीच भी जारी है। फिर भी कविता अमरता का नहीं, संघर्ष और मृत्यु का आलेख है।

हमारी समूची नग्नता ही कविता के कमड़े हैं। हम कविता के कपड़े नहीं उतार रहे बल्कि अपनी नंगई को उजागर कर रहे हैं। कविता हमारी इंच्छा, हमारे सपनों, हमारी स्वतन्त्रता की असली ज़मीन है। लेकिन हर बार हम उन बैलों की तरह अपने ही सपनों पर मूत रहे हैं। रात अपनी सम्पूर्ण चालाकियों के साथ मौजूद हैं और दूर-दूर तक सुबह होने के कहीं भी कोई लक्षण नहीं फूट रहे हैं। कोई नहीं जाग रहा सिवाय गुलामों के, लेकिन क्या गुलाम सचमुच जाग्रत है?

मेरे कुछ मित्रों का कहना है कि 'शंखमुखी शिखरों पर' (1964) में संगृहीत **'शृंखलित प्यार'** नामक कविता का 'स्वप्नभंग' कविता में 'आकृतिवर्द्धन' (एनलार्जमेंट) हुआ है। लेकिन मुझे ऐसा नहीं लगता। यह सच है कि 'शृंखलित प्यार' में भी ओबरे में (पहाड़ी मकानों की पहली मंज़िल जिनमें पशु रहते हैं) बँधे हुए पशु हैं मगर वे अपने बारे में वहाँ कुछ नहीं सोच रहे हैं। बल्कि उनके बारे में ऊपर के कमरे वाला सोच रहा है। दूसरी मंज़िल में रहने वाला, कमरे के भीतर जो 'मैं' है वह घरेलू यादों से पीड़ित है और कामेच्छा का प्रादुर्भाव उसकी कोशिकाओं में जोर मार रहा है। लगता है कि जैसे कच्चे कगार की तरह वह ढह पड़ेगा। यहाँ बजती हुई घंटी गाय के गले में है। घंटी बजती है और 'ऊपर वाला मैं' और ज्यादा सपने में चला जाता है। मैं उस कविता को ही यहाँ उद्धरित कर रहा हूँ जिससे यह पता लगाया जा सके कि 'स्वप्न-भंग' के मूल बीज वाक़ई बोये हुए हैं।

चोटी से घाटी तक हिल रही होंगी
अँधेरे की टाँगें
सो रहा होगा सारा गाँव

दरवाजे को थपका रही होंगी
चीड़ों की आवारा साँसें
ओबरे में बज रही होगी
गाय के गले की घंटी
जब कोई बैल उसे छेड़ता होगा
गले बँधी साँकल से वे हैं या नहीं?
किन्तु मैं अवश्य क्षुब्ध हूँ...
तुषार भीगे स्लेटी छतों के ढलाव
टप-टप टप-टप टपक रहे होंगे
कच्चे आँगन में

सारी कविता यह इतनी ही है। साम्यता की दृष्टि से इसमें **स्वप्नभंग** वाली कई चीज़ें मौजूद हैं। जैसे कि गाय, बैल, अँधेरा और घंटी। 'ओबरा' भी उसी देश-काल से मिलान खाता है। कुछ लोग कह सकते हैं कि **शृंखलित प्यार** की इसी गाय की मृदुलता ओढ़कर **स्वप्नभंग** के बैल सपना देख रहे हैं। 1964 वाली कविता का 'मैं' 1974 में आकर स्वयं बैल बन गया है। पूरे एक दशक बाद 'स्वप्नभंग' हुआ।

'शंखमुखी शिखरों पर' की समीक्षा करते हुए प्रयाग शुक्ल ने लिखा था कि ये 'घरू मोह' की कविताएँ हैं। अब मैं भी सोचता हूँ कि सचमुच वे कविताएँ किशोरमन के घरू मोह की कविताएँ थीं। तब मैं कैशोर्य के मध्यकाल से गुज़र रहा था। इसीलिए जब उसे 'इंटरमीडिएट मेंटैलिटी' कहता हूँ तो लगता है जैसे तत्कालीन समूचे अनिश्चय के साथ, हर छन्द के साथ गुज़रने वाली लालसा को, एक नाम यही सम्भव था जो दिया जा सकता था। उन दिनों हरेक चीज़ को, चाहे वह 'आवाज़' ही क्यों न हो, 'सशरीर' देखने की इच्छा से रात भी सो नहीं पाता था। ओबरे में अगर गाय के गले की घंटी बजी तो मेरे अनुमान मेरी कल्पना पर सवार हो जाते थे। यही बात 'स्वप्नभंग' कविता तक पहुँचते हुए एकदम उलट जाती है। बैल के गले की घंटी बजती है और उस एक आवाज़ पर सारा स्वप्नभंग हो जाता है।

पशुओं के गले में बाँधी जाने वाली घंटी का जो भी अतीत या जो भी समाजशास्त्र हो लेकिन घंटियाँ सामान्यतः उन्हें अलंकृत करने के लिए ही बाँधी जाती हैं। चाहे काव्य में हो चाहे जीवन में, अलंकार अन्ततोगत्वा बन्धन में बदल

जाते हैं। 'घंटी' पशु को खोने से बचाने में मदद के लिए सबसे पहले बाँधी गयी होगी। यह अलंकृत उतना नहीं करती जितना कि अगर पशु खो जाये तो उसकी ढूँढ़ में सहायता करती है। क्या इस कविता के खोये हुए अर्थ की घंटी भी बजती है?

ठीक इसी तरह अब अगर मनुष्य कीं पहचान खो गयी है तो वे कौन सी घंटियाँ हैं जो या तो बजनी बन्द हो गयी हैं या उनके भीतर से वह टकराने वाली चीज़ ही कहीं गिर गयी है जो घंटियों के खालीपन में आवाज़ पैदा करती है। लगता है जैसे घंटियों के मुँह में किसी ने कपड़ा ठूँस दिया हो। घास या रूई भर दी हो। हम कहाँ गुम हो गये हैं? हमारी घंटियाँ कोई दिशा नहीं दे रही हैं।

मान लीजिए कि एक युद्ध-निपुण सिपाही के हाथ पर वह नक्शा है जिसमें उसका मोर्चा दर्शाया गया है। सिपाही लड़ाई के आधुनिक वैज्ञानिक साधनों से लैस है लेकिन अगर उसका कम्पास खराब है तो वह अपने मोर्चे पर सही-सही नहीं पहुँच सकता। कविता में कम्पास किसके पास है? शब्दों के पास या अनुभव के पास या प्रतीकों के पास? शब्द, अनुभव और प्रतीक, कोई भी समाज से बाहर नहीं है, सारे सन्दर्भों का जन्म वहीं से होता है।

गले-बँधी घंटी एक सुविधा थी, पशुओं को अपने पास बनाये रखने की या कि खो जाने पर उन्हें फिर से पा लेने की। लेकिन आदमी के अन्दर आत्मा की एक घंटी थी जो छीज गयी है या बेआवाज़ हो गयी है। अब इसे फिर दुबारा कौन गढ़ेगा? इस बीच 'अपरिचय' ने 'आत्मा' को स्थानान्तरित कर दिया है। अब हम एक-दूसरे को 'निजी अपरिचय' में जानते हैं यह सम्बन्धों का एक नया संकट है। 'आत्मनिर्णय' का सवाल उतना पेचीदा नहीं है। जितना 'आत्म-परिचय' का है।

जो पीड़ित है उसे यातनाओं में जीने के संस्कार से तभी मुक्ति मिलेगी जब उसमें संघर्ष करने की भावना उपजेगी। वैसे कुछ लोगों के लिए संघर्ष भी स्वयं को स्वयं द्वारा दी गयी एक यातना है। लेकिन पीड़ित लोग जब अपने 'आदमी होने' की पड़ताल करेंगे तो संघर्ष से उन्हें समझ और शक्ति दोनों प्राप्त होगी। संघर्ष में अगर भविष्य के प्रेम की कल्पना न हो तो पीड़ित भी अपनी विजय के उपरान्त उत्पीड़क बन सकते हैं। अपनी मुक्ति के बाद अपने उत्पीड़कों की मुक्ति भी अनिवार्य है। आत्मालोचन आत्म-परिष्कार को सम्भव बनाता है।

पशु कभी बोर होते हैं या नहीं इसकी प्रतिक्रिया में कभी उन्होंने आत्महत्याएँ नहीं कीं। वे नहीं जानते कि वे कौन हैं। शोषित होना उनका स्वभाव बन गया है। वे अपने सिर को पैर से ही खुजलायेंगे। पशु या तो पागल हो जाते हैं या मर जाते हैं या फिर जुते रहते हैं। लेकिन आदमी कैसा भी हो वह एक-न-एक

क्षण बिलबिलाकर खड़ा हो जायेगा। एक ही जाति के पशुओं की लड़ाई अकसर प्राणघाती नहीं होती। निर्बल पशु नीचे पड़ा हुआ जब (समर्पण के) कुछ विशेष भाव व्यक्त करता है तो सबल पशु लड़ना छोड़ देता है। यह बात अलग है कि वह भूखा हो। ऐसी हालत में वह मारे बग़ैर नहीं छोड़ता। मारने का धर्म उसमें आदमी के संसर्ग से ही आया है।

एक मित्र ने कहा कि इस कविता में पशुओं द्वारा आदमी को पेशाब में (चींटे के रूप में) बहाया गया है। यह तो मनुष्य का अपमान हुआ। मानवता का ह्रास ही इस कविता में मुख्य 'षड्यन्त्र' है। पशुपालक वर्ग के लोग तो बहुत निम्न वर्ग के लोग हैं। इस कविता में नम्नता की अति का भी अन्त हो गया है। यह मानव-धर्मी कविता नहीं है। एक ओर घोर दलितों के प्रतीक पशु, दूसरी ओर सर्वहाराओं के प्रतीक 'चींटे'। घोर दलित और सर्वहाराओं के बीच की स्थिति क्या एक ही नहीं है? और अगर कोई भिन्नता उनमें है भी तो क्या वही भिन्नता 'लड़ाई' का आज असली मुद्दा है? यह कविता नितान्त काल्पनिक है। इसमें रचनाकार की सही समझ नहीं झलकती। 'आम आदमी' और 'पशु' का तो आज एक ही 'क्लास' है। असली लड़ाई आदमी और पशु के बीच न हो रही है, न होगी। कविता के काल्पनिक कलेवर के बहाने यह चीज़ों को गड्ड-मड्ड करने का एक सुनियोजित 'षड्यन्त्र' है।

उनके लगाये हुए ये कुछ आरोप मुझे याद रह सके हैं। इनमें ज्यादातर शब्द मेरे हैं—मूल आशय उनका है। इन आरोपों का जवाब मैं दूँगा तो यह अपनी कविता की रक्षा में तर्क गढ़ने की छूट होगी। कविता की रक्षा का तर्क अगर कविता में ही मूलतः मौजूद नहीं है तो मैं पत्तर मढ़कर काठ को सोने के भाव नहीं बेच सकता; 'स्मगलिंग' और 'मिलावट' के युगधर्म के बावजूद। मेरे इतने लम्बे बयान के बाद भी यह कविता अलग है और इस पर सुधी आलोचकों और मर्मज्ञ सर्जकों के विचार जानने की मेरी इच्छा का कभी अन्त नहीं होगा।

यह जानने के बावजूद कि आज सही सपने देखने वाले लोग ज्यादातर अपने ही सपनों पर मूतने की अन्तिम असफलता से गुजर रहे हैं, यहीं पर इस कविता का अन्तिम मूल है।

आलोचना विचार है

साहित्य और जीवन में आलोचना इसलिए आवश्यक है क्योंकि इससे अपने कर्म, अपने कृत्य और अपने विचारों की समीक्षा से अवगत होने का मौका मिलता है। साथ ही अपने कृतित्व की व्याख्या और भाष्य भी सुनने और देखने को मिलते हैं। प्राचीन साहित्य में आलोचना शब्द कई अर्थों में प्रयुक्त हुआ है लेकिन नृसिंह पुराण में यह वाक्य आया है कि—'आलोचितो हि विषयोऽयं अभूतपूर्वः।' यह अभूतपूर्व आलोचना का विषय है—अर्थात् आलोचना शब्द यहाँ विचारणीय-विचार के अर्थ में प्रयुक्त हुआ है। वह विचार जिस पर विचार किया जाना है। अविचारित विषय एक खुलासा माँग रहा है। प्रसंग यह है कि खम्भा फाड़कर भगवान विष्णु प्रह्लाद की रक्षा के लिए आधा नर, आधा सिंह के रूप में अवतरित होते हैं। उस समय कवि ने भगवान के मुख से प्रह्लाद को देखते हुए यह श्लोक इस तरह बुलवाया है—क्वेदं वपुः (कहाँ तुम्हारा यह शरीर); क्वच वयः (क्या तो तुम्हारी उम्र), सुकुमारमेतत् (सबकुछ तो अत्यन्त सुकुमार है); क्वेता प्रमत्त कृत दारुण यातनास्ते—कहाँ इस प्रमत्त (हिरण्य कश्यपु) द्वारा तुम्हारे जैसे सुकुमार को दी जाने वाली दारुण यातनाएँ?—'आलोचितो हि विषयोऽयमभूतपूर्वः'—अभूतपूर्व आलोचना का विषय है यह, 'क्षन्तव्यमंग यदि में समये विलम्बः!' हे आत्मज (हे पुत्र) मुझे क्षमा करना यदि मुझे आने में कुछ विलम्ब हुआ है। भगवान अपने भक्त से क्षमा-याचना कर रहे हैं।

क्वेदं वपुः क्वच वयः सुकुमारमेतत्
क्वेता प्रमत्त कृत दारुण यातनास्ते
आलोचितो हि विषयोऽयमभूतपूर्वः
क्षन्तव्यमंग यदि में समये विलम्बः।

आलोचना का अर्थ यहाँ विचार प्रतीत होता है। विचार करना ही खुद में एक विमर्श है। व्याख्या है, भाष्य है। आलोचना का मतलब यहाँ पर सारा आगा-पीछा देखना और समझना भी है। यहाँ ईश्वर भी स्वयं अपने दायित्व की समीक्षा कर

रहा है। वह स्वयं का निरीक्षण और वैचारिक परीक्षण कर रहा है। बता रहा है कि जो लोग अन्याय का मुकाबला नहीं कर सकते उनके प्रति ईश्वरीय शक्ति का दायित्व क्या है? कम उम्र का कोमल शरीर प्रचण्ड उत्पीड़ना का कैसे मुकाबला कर सकता है? पहले कभी ऐसी समस्या आयी नहीं है। यह अपूर्व समस्या है इसलिए अभूतपूर्व है। यह विचारणीय विषय है—प्रह्लाद के लिए नहीं बल्कि प्रह्लाद के सबसे बड़े संरक्षक ईश्वर के लिए? शक्तियों के संरक्षक ईश्वर मान रहे हैं कि मेरे आने में देर हुई है। मुझे तुम्हारी मदद और तुम्हारी रक्षा के लिए बहुत पहले आ जाना चाहिए था। साथ ही यह भी खुद को सान्त्वना देने का एक तरीका है कि गनीमत है मैं फिर भी समय से पहुँच गया हूँ। मगर विलम्ब से आने का पछतावा तो है, क्योंकि यातनाएँ बहुत कठिन हैं। इसलिए हे पुत्र क्षमा करना यदि थोड़ी देर हो गयी हो!

इस श्लोक में जो संकटापन्न स्थिति है उस पर आलोचना ज़रूरी है। विचार के प्रथम चरण में ही ईश्वर ने खुद क्षमा माँग ली। करुणा का एक अद्‌भुत संसार रच डाला है इस आत्म आलोचना ने। इसमें दूसरे की और अपनी प्रत्यक्ष व अप्रत्यक्ष निन्दा भी शामिल है। यथार्थपरक निन्दा किसी नदी की तरह दोनों तटों को छूती है। बल्कि रचनात्मक उभयपक्षी निन्दा ही विचारों के दो तटों का निर्माण करती हुई दिख रही है। निन्दा भी मात्र शत्रुता का निर्वाह नहीं कर रही है बल्कि चिन्तन को समाधान की ओर ले जा रही है। इसीलिए आलोचना अक्सर द्वितटीय दिखायी देती है।

यह संसार हमें अक्सर इस तरह समझ में आता है कि यह एक प्राकृतिक संरचना है। फिर भारतीय दर्शन ने प्रकृति को स्वतन्त्र नहीं रहने दिया बल्कि नृतत्व धर्मी व्यक्तियों को पुरुष (इस शब्द में स्त्री भी शामिल है) कहकर दूसरी शक्ति की ओर इशारा किया है। यह पौरुषेय शक्ति स्थावर, जड़, जंगम जैसी नहीं है। प्रकृति और मनुष्य में चेतना अलग-अलग तरह से काम करती है। मनुष्यों को चलने-फिरने वाले अन्य प्राणियों की तरह 'जंगम' कहा गया है। अर्थात् मोबाइल। चलने-फिरने वालों में हवा, पानी और आग को शामिल नहीं किया गया। वे भले ही मनुष्य-इन्द्रियों को प्रभावित करते हैं लेकिन वे खुद इन्द्रिय-विहीन हैं। जिनके इन्द्रियाँ नहीं हैं उनमें संवेदना नहीं होती। वृक्षों में संवेदना है पर वे पूर्णेन्द्रिय नहीं हैं।

मनुष्य वैचारिक स्तर पर तब बड़ा हुआ जब उसने ईश्वर के स्रष्टा रूप की रचना की। ईश्वर की संरचना करके मनुष्य ने प्रकृति की क्षमताओं और अक्षमताओं को तौला है। ईश्वर की उपस्थिति प्रकृति और उसकी संयोगों पर

आधारित शक्ति की आलोचना है। ईश्वर को संचित, संगठित और संचालित कर मनुष्य विचारकों ने प्रकृति (यानी भौतिकता) और पराक्रम (पौरुष) को एक जगह मिलकर काम करने की मानसिक परिस्थिति पैदा की है। जहाँ तक सोचने-समझने वाली दृष्टि जा सकती हो वहाँ तक बुद्धि की प्रज्ञा नामक आँख को ले जाना—आगे चलकर आ-लोचना कहलायी। देखने की पराकाष्ठा तक दृष्टि का प्रयोग ही आलोचना है। इसीलिए यह कहना बहुत मौजूँ लगता है कि रचना भी एक आलोचना है और आलोचना भी एक रचना है। ईश्वर के मूर्तरूप की परिकल्पना करना भी हमारे प्रथम भौतिकवादी होने का बहुत पुराना प्रमाण है। ईश्वर की जितनी भी प्रार्थनाएँ हैं वे सब भौतिक उपमाओं और प्रमेयों से भरी हैं। भाषा का स्पर्श पाते ही ईश्वर भी अभौतिक नहीं रह जाता है। भाषा पार्थिव और भौतिक है। पाणिनि ने अपनी वैज्ञानिक सूझ-बूझ का यह कहकर परिचय दिया है कि शब्दों की भी धातु होती है और वे अपनी-अपनी धातुओं से बनते हैं। ज्ञान का मुखर आधार भाषा है और भाषा भौतिक है। इसलिए आध्यात्मिक विचार भी मूल रूप से भौतिक है। भौतिकवादी होना एक गाली नहीं है बल्कि पदार्थवादी होकर हम ज्ञान की सीढ़ियों पर अपने कदम रख सकते हैं। ईश्वर की परिकल्पना भौतिकवाद का चरम है।

'रचना' एक भौतिकवादी शब्द है। कविता के लिए कहा गया है कि वह मनुष्य-आत्मा की मातृ-भाषा है। भारत में उत्कृष्ट अभिव्यक्ति का संसार कविता से शुरू हुआ है और कविता का जन्म मनुष्य की अनुभूति को प्रभावित करने वाली—'व्यथा-कथा' कहने के लिए हुआ है। वाणी में कविता और रेखांकन में गुफाचित्र, सबसे पुरानी अभिव्यक्ति लगते हैं। वाणी और रेखांकनों के परस्पर संयोग अथवा समागम से ही अक्षरों का जन्म हुआ लगता है। अक्षरों के लिए 'वर्ण' इसलिए कहा गया होगा क्योंकि वे धातुओं, खनिजों और मिट्टी के रंगों पर निर्भर थे। रंग के बिना रूप उभर नहीं सकता। रंग का अपना ऐसा भी प्रकाश होता है जो बिना सूर्य के अँधेरे में भी आकाशीय विकीरणों से स्वतः चमक उठता है। कुछ रंग सूर्य की रोशनी और अन्य रोशनियों के मोहताज होते हैं। प्रकृति भी तभी सफल होती है जब वह ऋतुओं का उत्पादन करती है और उसे अपने प्रताप में शामिल करती है। इस दृष्टि से देखें तो केवल वे ही चीजें प्रकृति का उत्पादन नहीं हैं जिनकी जड़ें मिट्टी में हों बल्कि थोड़ा और भी कुछ देखना पड़ेगा। तभी विरोधाभासी उत्पादनों का पता लगेगा और समझ पायेंगे कि बारिश भी प्रकृति का उत्पादन है और सूखा भी। तभी हम ताप और भाप के अमूर्त स्वरूप को समूर्त कर पायेंगे। न केवल मूर्त होने की यात्रा अमूर्त से पैदा होती

है बल्कि अमूर्त होने की प्रेरणा भी मूर्त से ही मिलती है।

मैं सोचता हूँ कि आलोचना कहीं न कहीं रचना के बाद का जनमा हुआ शब्द है। यह अनुगामी शब्द है। आलोचना में प्रशंसा और पछतावा (जिसे सुविधा के लिए कुछेकों ने निन्दा कहना भी शुरू कर दिया है) शुरू से ही शामिल हैं। अगर मैं यह कहूँ तो सम्भवतः ग़लत नहीं होगा कि आलोचना में समालोचना शामिल है और निन्दा में केवल दोष-दर्शन। यह भी नहीं भूला जाना चाहिए कि जिस तरह 'सामिष' (मांस भोजन) के विपरीत आगे चलकर 'निरामिष' शब्द पैदा हुआ उसी तरह 'प्रशंसा' के विरुद्ध 'निन्दा' शब्द पैदा हुआ है। 'निन्दति' शब्द में बोलकर दुर्गुणों का बखान करना शामिल है, यानी कि निन्दा भी अभिव्यक्ति का एक अधिकार है—बशर्ते कि वह यथार्थ पर आधारित हो। 'शिशुपाल वध' में दी गयी गालियों की तरह निन्दा के लिए भी एक अलग किस्म का रचनात्मक प्रयत्न करना पड़ता है। इसका श्रेय भी कवि को ही जाता है और उसका नाम है—महाकवि माघ। रचना की व्याख्या और रचना का भाष्य दृष्टि और अर्थ का विस्तार करता है। इसलिए आलोचना भी एक रचना है। रचना के बाहरी और भीतरी द्वन्द्व को आख्यायित करती है—आलोचना।

पाणिनि ने भी सारे प्रयत्नों को पहले बाहरी कहा है और तब भीतरी को उससे जोड़ा है। उनके अनुसार प्रयत्न दो प्रकार के होते हैं—'बाह्याभ्यन्तरश्च'। बाहरी और भीतरी। यहीं से मुक्तिबोध ने भी 'बाहरी-भीतरी दो पाटों के बीच' को ग्रहण किया है। यानी कि बाहर के बिना भीतर का निर्माण नहीं होता। बाहर के बिना भीतर का संसार अधूरा है।

एक अच्छी रचना ही एक अच्छे आलोचक को जन्म देती है। आलोचक का कृति में प्रविष्ट होने का ढंग क्या है? रचना के देश-काल के सुख-दुख और भूगोल-इतिहास वह जानता है या नहीं? मनुष्यता और सामाजिकता की उसकी कसौटियाँ क्या हैं? वह रचना में इन्स्पेक्टर राज फैलाना चाहता है या विद्वान जिज्ञासु की पिपासा? वह रचनाकार से बड़ा पाठक है या नहीं? आलोचक को चाहिए कि रचना की गोपनीयता को दर्शनीय बना दे। अदृश्य के मन्तव्य को उघाड़ दे। इस तरह अच्छी रचना आलोचक को अपना मित्र बना लेती है। अच्छे मित्र के लिए भर्तृहरि ने कहा कि प्यास के भी स्तर और सन्तुष्टि के जल को पहचानो। जिस किसी को भी देखते हो उसी से मत माँगो। क्योंकि कुछ हैं जो बरसते हैं बाकी तो बेकार ही गरजते रहते हैं। अच्छा मित्र वह है जो गुणों को प्रकट करे और बुराइयों से भी छुटकारा दिलाये। केवल निन्दा करने का ही ठेका न ले बल्कि रचना के अर्थ-वैभव और असर की पहुँच का भी उल्लेख करे।

पुराने प्रसंग के प्राण

मैं पाँच वर्ष का था जब चेचक से माँ की मृत्यु हो गयी। दादी उस महामारी में बच गयी लेकिन मेरा छोटा भाई अन्धा हो गया। मेरा बचपन खो गया और मैं एकदम अपने पिता जैसा बड़ा हो गया। जिस तरह बच्चे अपनी माँ से लिपट जाया करते हैं, हम अपनी दादी से लिपट जाते थे। जिन बच्चों को बचपन में माँ और दादी इत्यादि स्त्रियाँ लिपटने को नहीं मिलतीं वे बड़े होकर अधिक क्रूर हो सकते हैं। मेरे पास एक दादी थी। एक बुआ थी जिसका विवाह मेरे जन्म-वर्ष में हुआ था। शायद माँ का अभाव मेरी कविता का उद्भव है। उसी को ढूँढ़ने और पाने के लिए मैंने अपनी कविताओं में स्त्रियों को तरह-तरह से रचा है। स्त्रियाँ न होतीं तो आधी भाषा न होती और पूरा जीवन न होता। मैं चाहता हूँ माँ की तरह मेरी कविता अनेक प्रवृत्तियों की जननी बने और मेरी कविता मुझे बार-बार जन्म दे।

स्थूल दृष्टि से अपनी कविता के तीन उद्गम मेरी समझ में अब आते हैं। एक, स्थानीय लोक जीवन, जिसका परिणाम पहला कविता संग्रह 'शंखमुखी शिखरों पर' है। दूसरा उद्गम, मेरा सामाजिक जीवन है जिसकी परिणति 'नाटक जारी है' नाम के पर्याप्त चर्चित संग्रह में हुई। इन दोनों से जिसे मैं अपने तईं ज्यादा महत्त्वपूर्ण समझता हूँ क्योंकि यह मुझे वैश्विक और ब्रह्मांडीय दृष्टि की ओर ले जाता प्रतीत होता है, वह तीसरा उद्गम है मेरा तीसरा कविता संग्रह 'इस यात्रा में'। अब तक मेरे ग्यारह कविता संग्रह आ चुके हैं लेकिन इन तीन प्रवृत्तियों का ही वे विस्तार लगते हैं। इन तीन बीजों से पैदा हुआ जंगल है मेरी कविताएँ। 'इस यात्रा में' नामक तीसरा बीज, आज भी नये-नये रूप धरता रहता है।

'शंखमुखी शिखरों पर' की कविताएँ पहाड़ी प्रकृति में रमे-रमे और थमे उस इनसान की सोच लगती हैं, जो किशोर उम्र की दहलीज पार कर रहा है और घर से बाहर की दुनिया में होते हुए भी केवल अपने ही घर को देख रहा है। बल्कि उसे अनेक रूमानी स्थितियों में अपनी यादों से बार-बार रच भी रहा है। प्रकृति का सान्निध्य और जीवन के स्वतःस्फूर्त सरल मोड़ इस संग्रह की कविताओं में अक्सर दिख जाते हैं।

'नाटक जारी है' की कविताएँ एक बेरोज़गार युवा होते व्यक्ति की कविताएँ हैं, जो भाषा और आशय से प्रथम दृष्ट्या ही उग्र, अस्थिर और बेचैन दिखती हैं। काव्य परम्पराओं को तोड़कर अपनी एक निज परम्परा कायम करने की हड़बड़ी, इसमें अनायास आ गयी लगती है। सारी कल्पनाओं और खुराफातों के केन्द्र में एक युवा मन बार-बार खुद को ही रखकर सोचता है। व्यक्ति ही खुद को समुदाय के रूप में भी सोचने लगता है, यही वजह है कि समुदाय भी वहाँ एक व्यक्ति के रूप में ही दिखाई देने लगता है। व्यक्ति ही समूह है और समूह व्यक्ति की धारणा से पैदा हुआ प्रतीत होता है। इस तरह अजब कोलाहल भरा उद्धत अकेलापन 'नाटक जारी है' में दिखता है। भाषा ऐसी कि कविता जैसे पहली बार जन्म ले रही हो। रफ-टफ, नंगी और फिर भी गम्भीर जैसे कि यह महत्त्वपूर्ण हो। बिम्ब एकदम अप्रयुक्त, नये पाये हुए और अनगढ़ टेढ़ेपन के साथ अलग से दिखते हैं। साफ लगता है कि वक्रता कविता की स्वीकार के लिए नहीं अस्वीकार के लिए लिखी जा रही है। उसमें प्रेम और आध्यात्मिकता दोनों ही क्रान्ति को नागरिकता के स्तर पर चाहते हैं। और दोनों ही इस भ्रान्ति में भी पड़े हुए हैं कि क्रान्ति सबकी समझ में आती है और सब उसके लिए तैयार हैं।

मेरी कविता के तीसरे उद्गम स्रोत 'इस यात्रा में' की कविताएँ अपेक्षाकृत कोमल, शान्त, प्रेमिल और बहुत हद तक स्वप्निल-सी दिखती हैं। लगता है परम्परा और प्रयोग में एक सन्तुलन की अदृश्य और बिखरी-बिखरी सी कोशिश काम कर रही है। वे उतना ही बोलती हैं जितना वह अनुभव बोलना चाहता है। अनुभव के चुप रहकर बोलने में एक नयी भाषा की खोज झलक मारती रहती है। भाषा के बदले हुए स्वभाव के कारण अक्सर मेरी उद्विग्न कविताएँ फौरी कार्यवाही जैसी वाचाल दिखती हैं। लेकिन 'इस यात्रा में' भिन्न भाषा-स्वभाव के कारण वे अनबोये बीजों-सी निन्दासी दिखती हैं। ज्योंही मैं उन्हें बोने की कोशिश करता हूँ, वे खो जाती हैं। अब वे बोयी हुई, खोयी हुई निद्रालस में भी सक्रिय कविताएँ, उगने की प्रतीक्षा जैसी दिखती हैं। यह इन्तज़ार किसी नवांकुर के लिए खाद-पानी का काम करता है। हर बार उसी प्रस्थान पर पहुँचकर मैं फिर से अपने को बदलने की कोशिश करने लगता हूँ। हर बार लगता है कि न केवल मनुष्य के रूप में बल्कि वनस्पतियों और अन्य जड़ पदार्थों के रूप में भी मैं ही यात्रा कर रहा हूँ। दूसरों के साथ की यात्रा भी अपने साथ की यात्रा बन गयी है। लेकन अब देखता हूँ तो इस यात्रा ने मुझे अपने से बाहर, दूसरों के नजदीक ले जाने की कोशिश की है। दूसरों की निकटता को सहेजकर मैं इस यात्रा में अपने भीतर लौटा हूँ। बाहर और भीतर का ऐसा अनुभवरंजित

विन्यास कि सपने भी और स्वप्नभंग भी एक ही यात्रा के हिस्से लगते हैं।

जैसा मैं यहाँ आते हुए था वैसा अब लौटते हुए नहीं हूँ
तुम पूछते हो कि मैंने क्या किया, मैं भी यही पूछता हूँ तुमसे
हम यहाँ न अपने बाल बचा सके, न अपने नाखून, न अपनी नजर
हर बार हमने यही सोचा कि अपने आपको बचा लो
मगर नहीं बचा सके
हमने यहाँ सब कुछ खो दिया
अपना गाँव, अपना झोला, अपना सिर...(1968)

मैं भी अपने को आज़ादी के बाद का ही मानता हूँ क्योंकि लिखना मैंने 1960 से शुरू किया जबकि मेरा जन्म 1 जुलाई, 1940 का है। यानी कि जब मैं सात साल का था तब देश आज़ाद हुआ था। लेकिन जिस टिहरी गढ़वाल रियासत में मेरा जन्म हुआ वह 1949 में रामपुर और मणिपुर के साथ आज़ाद हुआ। भारत सरकार ने टिहरी राज्य को संयुक्त प्रान्त (United Province) जिसका लघु नाम यू.पी. था जो बाद में 'उत्तर प्रदेश' होने के कारण हिन्दी में भी यू.पी. ही बना रहा, में विलीन कर दिया। टिहरी रियासत की जनता राज परिवार की गुलामी से आज़ाद हुई और पहला स्वाधीनता दिवस 15 अगस्त, 1949 को मनाया गया। जिसमें हम बच्चे नंगे पाँव तिरंगा झंडा लेकर गाँव-गाँव, पहाड़-पहाड़ घूमे थे।

ई. सन् 1964 में लीलाधर शर्मा के नाम से मेरा पहला कविता संग्रह 'शंखमुखी शिखरों पर' और 1970 में लीलाधर जगूड़ी के नाम से 'नाटक जारी है' दूसरा संग्रह प्रकाशित हुआ। 'इस यात्रा में' नाम का यह तीसरा कविता संग्रह 1973 में प्रकाशित हुआ। इसके प्रकाशन के लगभग 37 साल बाद मुझसे कहा गया है कि मैं अपने इस संग्रह की एक भूमिका लिख दूँ। अब जो कुछ भी मैं इस संग्रह की कविताओं के और बीसवीं सदी के मध्योत्तर में छूटे उनके समय के बारे में लिख रहा हूँ, वैसा सोचकर ये कविताएँ तब नहीं लिखी थीं। मेरी कविताएँ हमेशा ही एक अनिश्चय का पीछा करती हुई आगे बढ़ी हैं। थोड़ी-सी कविताएँ इस संग्रह में ऐसी भी हैं जिनमें घर लौटने का थका-माँदा स्वर सुनाई देता है, वे कुछ पहले की लिखी हुई हैं और उनकी उम्र लगभग चालीसेक साल की हो गयी होगी। मैं साठ पार कर चुका हूँ और इस वक्त अपने से बीस-पच्चीस साल छोटी अपनी रची हुई कविताओं की भूमिका मुझे लिखनी है। यों कहें कि जो कुछ मैं लिखना चाहता हूँ और लिखने जा रहा हूँ, उन बातों की भूमिका में इस संग्रह की कविताएँ स्वयं उपस्थित हैं। कविताएँ भूमिका का काम कर रही हैं और मैं उनके आस-पास अब

झाड़ी पीटने का काम कर रहा हूँ; जबकि, जिन लोगों को ये कविताएँ पसन्द रही हैं उनके ज़ेहन में ये बड़े वृक्षों की तरह अपनी जगह बना चुकी हैं। झाड़ी पीटने से अब न पेड़ नीचे उतरेंगे और न अपनी जगह से दौड़ेंगे-भागेंगे। यह काम भी अगर करना है तो भूमिका में मुझे ही करना है। मेरी भूमिका में कविताएँ हैं और कविताओं की भूमिका में मैं हूँ। इस तरह हम एक-दूसरे की भूमिका हैं, सम्भवतः यही परस्पर भूमिका की भूमिका है। मेरी बढ़ती उम्र के साथ मेरे अनुभव भी कुछ बढ़े हैं। क्या मेरी ये कविताएँ वहीं रुकी हुई हैं जहाँ जिस उम्र में मैं उन्हें छोड़कर आया था या वे भी कुछ वृद्ध और समृद्ध हुई हैं?

हिन्दी का या प्रायः समस्त भारतीय भाषाओं का यह स्वभाव है कि उनमें एक चीज़ के लिए एक से ज़्यादा शब्द बने हुए हैं, जिन्हें पर्यायवाची के नाम से जाना जाता है। ये पर्यायवाची किसी एक वस्तु के विभिन्न मुद्राओं (मूड्स), प्रयोगों, परिणामों और प्रवृत्तियों पर आधारित हैं। लेकिन इस्तेमाल उनका इस तरह होता है जैसे एक ही चीज़ के अनेक नाम हों।

जैसे बचपन से लेकर बुढ़ापे तक असल में वही एक व्यक्ति होता है जो वह बचपन के पहले दिन से होता है। लेकिन उसमें परिस्थितियों के ज्ञान से जो अन्तर पैदा हो जाता है, वह ज्ञान उसे पूरे जीवन भर वही नहीं रहने देता। यही बात शब्दों के व्यक्तित्व पर भी लागू होती है। एक ही शब्द भिन्न-भिन्न अवस्थाओं में प्रवृत्तिगत अन्तर के कारण दूसरा अर्थ देने लगता है। पर्यायवाचियों की बहुलता के कारण अपने अनुभव के लायक सुनिश्चित अर्थ वाला शब्द चुनने की हिन्दी में बड़ी आज़ादी है। हिन्दी में शब्दों की पर्याय शक्ति अनुभवों की सूक्ष्म संवेदना से जुड़ी है। इसे जीवित रखना ज़रूरी है। शब्दों की व्यावहारिक उथल-पुथल अर्थ विपर्यय को बढ़ाती रहती है। असल में भाषा की उत्पत्ति में यह प्रारम्भिक विखण्डन है। इसलिए सुनिश्चित का भी एक अनिश्चित मन होता है जो द्रष्टा और दृष्टि दोनों को प्रभावित करता है। पर्यायवाची शब्दों की बहुलता अनुवादक के लिए समस्या हो सकती है। लेकिन कविता के बहुरूपियापन में पर्यायवाचियों की बड़ी भूमिका है। वे अन्तःसम्बन्धों में सूक्ष्म परिवर्तन की ही आहट नहीं देते बल्कि अन्तःकथाओं को भी समेटे रहते हैं।

जीवन संघर्ष में नये शब्दों की पैदाइश को पहचानना उतना ही ज़रूरी है जितना कवियों का पैदा होना। कवि होंगे तो कविता होगी। अभिव्यक्ति की सबसे पुरानी विधा है शब्दों की पैदाइश। इसी पैदाइश के कारण कविता आधुनिकता के साथ अपने को सबसे पहले नया बनाते चलने वाली विधा भी है। कविता के इस गुण को कवि ही नयापन देकर बचाते आये हैं। अनुभव

के अनुरूप नये शब्द गढ़ना कवियों की लोहारी है। पता नहीं इस संग्रह में मैं यह सब कहाँ तक कर सका हूँ लेकिन उन दिनों मुझे यह ज़रूर लगने लगा था कि तात्कालिकता को भी किसी और बड़े फलक पर रखकर देखना चाहिए। ताकि तात्कालिकता की सरलता के साथ दीर्घकालिकता में जाने की कोशिश के साथ और भी कुछ गम्भीर चीज़ें सीखी जा सकें। मसलन सार्थक सरसता और स्मरणीय सम्प्रेषणीयता। इन कविताओं के दौर में यह भी अनुभव हुआ कि कभी तो केवल सम्प्रेषणीयता ही किसी अभिव्यक्ति को सरसता प्रदान कर देती है। और कभी उन दिनों यह विचार भी सोचने में एक फैशन की तरह शामिल हो गया था कि कवि को अनजाने ही कुछ गम्भीर गलतियाँ भी करते रहना चाहिए ताकि अपने अपनुभव से भी कुछ सीखा जा सके। कवि को अपने निर्माण में अधिक से अधिक जोखिम भरे गम्भीर प्रयासों के काम लेना नहीं भूलना चाहिए। कभी-कभी वैचारिक उथला-पुथला विस्तार भी कविता के गहरे स्वभाव को गति दे जाता है। आज़ादी का गुणगान ही नहीं आज़ादी की विवेचना का वह अपनी तरह का संकटग्रस्त समय था।

स्पष्ट है कि उन दिनों आज़ादी के बाद जन्मी या समझदार हुई नयी पीढ़ी बहुत सारे आत्मघाती अनुभवों से गुजरकर युवा हो रही थी। अपनी निरर्थकता ही युवाओं को संशयग्रस्त बना रही थी। इतिहास, परम्परा और यथार्थ के बीच आज़ादी की रौशनी में युवा पीढ़ी को अपने लिए एक और अन्धायुग दिख रहा था। बीसवीं सदी के छठे और सातवें दशक में बड़े होते कुछ लड़के-लड़कियों ने ऐसे मुहावरे में अपनी बात कहनी शुरू की जो कहीं से भी कविता के मुहावरे नहीं थे। वे आज़ादी लाने वाले थके योद्धाओं के साथ (जो आशाएँ टूटने के कारण निराश हो चुके थे) उपदेशक की तरह नहीं जीना चाहते थे। तत्कालीन युवाओं ने व्यवस्था विरोध का चरम हथियार अपनाया और व्यवस्था के किसी भी रूप को नकारने की अति तक चले गये। हड़तालें और आगजनी आम बात हो गयी। इसमें अधिकांशतः कला का निषेध भी शामिल था। उन्होंने उस समय धर्मों को व्यवस्था का रूप नहीं माना बल्कि निर्वाचित सरकारों तक ही उनकी व्यवस्था सम्बन्धी समझ सिमटने लगी। विपक्ष को वे प्यार करने लगे लेकिन जब विपक्ष सत्ता में आने लगा तब विपक्ष भी विरोध योग्य सत्ताधारी हो गया। धीरे-धीरे पक्ष और विपक्ष भी समाप्त हो गये, सिर्फ़ वाम और गैर-वाम शेष रह गया। वाम के भी पन्द्रह-सोलह धड़े बन गये, तब सम्पूर्ण वाम आन्दोलन कंचों की तरह बिखर गया। अपनी ही निरर्थकता की चारों ओर से पुष्टि हो रही थी। प्रतिरोध और विरोध, विरोध के लिए विरोध की अराजकता तक पहुँच गये।

अपनी रचनाओं के साथ जो समय मैं पीछे छोड़कर आया हूँ वह हू-ब-हू मेरे उस समय जैसा नहीं है। उसे मैंने अपने अनुभव में बदलकर कुछ-कुछ अपने दृष्टिकोण से देखे जाने वाले समय में बदला है। उस समय का समय तो बीत चुका है, लेकिन उसके रचनात्मक अनुभव का एक प्राणवान शरीर बनाकर मैंने अपने रचनात्मक एकान्त में, अपने सुख-दुख को दर्ज़ करने के लिए रचा था। जो कुछ हम बनाकर पीछे छोड़ आते हैं, वह कभी-कभी हमारे आगे-आगे चलने लगता है।

हमेशा नहीं रहते पहाड़ों के छोये
पर हमेशा रहेंगे वे दिन
जो तुमने और मैंने एक साथ खोये।

इस सोच से बिल्कुल उलट था 'नाटक जारी है' का काव्य संसार। तब जो कुछ महसूस होता था वह कविता के रूढ़ और स्थापित स्वरूप जैसा नहीं था। वह अनायकत्व से भरा अकविता का ऐसा समय था जब सोचने के तरीके में ही आधारभूत विचलन पैदा हो गया था। जो है और जो जैसा है वैसा उसे अपनी अभिव्यक्ति में नहीं रहने देना है।

उदाहरण के लिए 'नाटक जारी है' की इन पंक्तियों को देखा जा सकता है—

– पैरों की आत्मीयता के करीब से जूते की तरह उतारा हुआ अब संकट सिर्फ़ शैलियाँ बदल रहा है।
– भाषा के जमें हुए पानी में सूराख बनाते हुए। मैं सोचता हूँ यह तिप-तिप नदी कैसे होगी?
– जो कुछ मार सकूँ इस आपा-धापी में वह सबसे बड़ा हाथ है। जो कुछ पहनकर उतार सकूँ वह सबसे बड़ा खोल है।
– आप जो दुनिया को धीरे-धीरे छोटा होते हुए देख रहे हो इसी का नाम जटिलता है।
– पहाड़ों के पाख कितने दोगले हो गय हैं कि पेड़ कहीं गिरता है और गूँज कहीं उठती है।
– पेट और प्रजातन्त्र के बीच आदमी दरार की तरह खड़ा है और बवंडर हर दरवाज़े पर, पर्दे की तरह पड़ा है।

ऐसे में काम करनेवाला व्यक्ति कुशलता या कुशलक्षेम का प्रतीक नहीं है। आज़ादी के बाद अनिश्चयता इतनी बढ़ गयी थी कि एक खाई पार करना ही उपलब्धि

लगता था। यह सारी अनिश्चयता हमारी राजनीतिक व्यवस्था की देन है—यह ईश्वरीय देन नहीं है। यह मानवीय क्रूरताओं का रंगमंच है—

'इसीलिए ज़िन्दगी और रुचि का फ़र्क़ मिटाते हुए/इस नाटक से/करुणा और सौजन्यता वाला दृश्य काट दिया गया है/बाकी नाटक जारी है।' 'नाटक जारी है' में भाषा और अनुभव के सबसे ज्यादा झटके खाये गये हैं। कभी आज़ादी को परिभाषित करने का आग्रह प्रबल है, कभी आज़ादी का निषेध। जैसे पाँचवीं पंचवर्षीय योजनाकाल के भारतीय समाज का बनता-बिगड़ता सांस्कृतिक और राजनीतिक चेहरा दिखाया जा रहा हो। यह मात्र मोहभंग नहीं है बल्कि कुछ नया बनाने का युवाकोचित असन्तुष्ट उत्साह भी है जो चीज़ों को क्रान्तिधर्मिता की रूमानी दिशाओं में ले जाकर ही समझने पर आमादा दिखता है। जो है उसमें अपनी उपस्थिति का यह हर तरह से हस्तक्षेप कहा जा सकता है।

आम आदमियों के समाज में से एक सही आदमी या एक नये बनते हुए आदमी का कविता में निर्माण करना या उसकी पहचान के लिए जिस कोहरे में हाथ-पाँव मारे जा रहे थे, आप देख सकते हैं कि छठे दशक में वह आदमी कहीं से न पकड़ में आ रहा है, न उसका कोई व्यक्तित्व बन रहा है। 'मगर वह आदमी कहीं से भी नहीं बनता'। मेरी कविता कहीं से न बनते आदमी के चेहरे को बनाने पर तुली थी। 'नाटक जारी है' में कुल जमा यह उस समय का युवा आदमी है जो तरह-तरह के फैशनों से अपने व्यक्तित्व को ढक लेता है लेकिन छिपा नहीं सकता। उसकी साधनहीनता और विपन्नता कहीं-न-कहीं से झलक आती है। तब संयुक्त सरकारों का दौर शुरू नहीं हुआ था लेकिन जनता की संयुक्त लाचारियों का दौर शुरू हो गया था।

'नाटक जारी है' में ऐसे कई मुहावरे हैं जो उस समय के भौचक, लुटे-पिटे आदमी का तत्कालीन चित्र बनाते हैं। 'टिकट घर होने से रोका ही जाना चाहिए आपका ध्यान।' विचलित और बिखरावपूर्ण स्थितियों के लिए 'टिकट घर' हो जाने वाला मुहावरा, युगीन स्वभाव को नये सिरे से पकड़ने की कोशिश लगता है। आज़ादी के बाद की निराशा में एक मरा आदमी भी एक नये घर बनाने का सपना देख रहा है। जिसमें अंग्रेजों के जाने के बाद भी उनके 'ऐडवर्ड' जमूरे भूमिकाएँ बाँट रहे हैं। रोज़ी को फर्ज़ और फर्ज़ को रोज़ी समझने की गर्हित अवस्था को साधारण स्थिति माना जा रहा है। ऐसे में आज़ादी का क्या अर्थ रह जाता है?

आज़ादी के बाद की राजनीतिक व्यवस्था में जो टाँग खिंचाई चल रही है—वह हमें आज भी किन निष्कर्षों पर पहुँचाती है? व्यक्ति का निजी संकल्प तो इस

कविता में यह दिखता है कि 'पेट की सराय में जाने के लिए नाक पर रूमाल रखकर/हरेक मुख फाटक की तरह खोलना है।' वरना भूख से विकल मनुष्य को न बचाया जा सकेगा और न वह जीने का उद्देश्य पा सकेगा। तथाकथित आम आदमी की कोई तस्वीर या पहचान बनाना दिन-ब-दिन कठिन होता जा रहा था। महिलाएँ भी पुरुषों जितनी दुखी, अनिश्चित और देह-दहन का विषय थीं। आम आदमी नेपथ्य में चला गया और नेता परिदृश्य में उभरता चला गया। जनता का आक्रोश और क्रोध भी गलत दिशाओं की ओर चला गया। कारोबार का मतलब लोगों को लूट-पाट लगने लगा। राजनीतिक दलों का बाहुल्य भी निराशा का एक कारण लगने लगा। प्रतिभाओं के अनादर और तिकड़मियों के स्वागत ने वातावरण को अधिक सन्दिग्ध बना दिया। ख़तरे के निशान के रूप में छपा हुआ हाथ भी कुछ-न-कुछ लापता होने का संकेत दे रहा है।

—एक कवि। दो कवि। तीन कवि क्या उबार लेंगे
लेकिन इस देश का हर बच्चा नेता है
इतने नेता जब चाहे तब नक्शे से उतार लेंगे अपनी कॉपी पर
और फिर भूल जायेंगे।

इससे राजनीतिक परिस्थितियों द्वारा पैदा निराशा की अलग तरह की झलक मिलती है।

कभी लगता कि दुर्घटना की तरह हम घटित हो गये हैं। कभी लगता कि हम ही नहीं हमारे समय के सभी माध्यम दुर्घटनाओं के शिकार हो रहे हैं। हम ईश्वर का पीछा कर रहे हैं, ईश्वर टेक्नोलॉजी का पीछा कर रहा है, कविता, पेंटिंग का पीछा कर रही है और पेंटिंग कविता के पीछे पड़ी है। पत्रकारिता एकदम फीचर बनकर कहानी बनती जा रही है और कविता संस्मरण और रिपोर्ट में से अपने लायक कुछ बटोरते हुए भाग रही है। कोई अपने में नहीं है, सब आपा-धापी में हैं। कई कैमरे और कई कलमें पीछे पड़ी हुई हैं। कोई कहीं से बच नहीं सकता, सब कुछ लिखने और दिखने की जद में है। दृश्य और कर्म से कहीं बढ़कर आज का बीता हुआ दिन कविता बनकर छाया हुआ है। समय और कर्म का भेद मिटता जा रहा है। सदियों के सारे समय गड्ड-मड्ड हो गये हैं। रोज़गार, रोटी, सेक्स और सामाजिक समानता के प्रति जो जिज्ञासाएँ और तनाव विचारों में फैले हुए थे, वे उस समय की कविता को अपनी अभिव्यक्ति का पहला माध्यम बना रहे थे। युवा लोग कविता को किसी ज़रूरी काम की तरह कर रहे थे। यह स्थिति केवल 1960 के आस-पास की हिन्दी की नहीं थी

बल्कि समस्त भारतीय भाषाओं में उथल-पुथल थी। सब जगह एक नये क़िस्म की भाषा और कविता का जन्म हो रहा था। सब जगह सोद्देश्यता का जितना तिरस्कार था निरुद्देश्यता का उतना ही ज़ोर दिखता था। 1960 के बाद हिन्दी में कुछ ज्यादा ही सुनामी हुई।

फिर भी जो कविता 1960 के बाद लिखी गयी उसके सम्बन्ध में न यह कहना युक्ति संगत होगा कि यह कविता पुरानी कविता से पैदा हुई नहीं लगती। (क्योंकि विन्यासगत प्रायोगिक पारम्परिकता इसमें मौजूद थी) और न यह कहना तर्क संगत होगा कि किसी भी समय की कविता सिर्फ़ उसी के समय से पैदा होती है। क्योंकि समय में भी चेतना की ऐसी कई अदृश्य जड़ें फँसी हुई होती हैं जो कभी आगे जाकर अचानक प्रस्फुटित हो उठती हैं। इतिहास को चाहे जितना बदल दिया जाये लेकिन उसके पूर्व रूप से एक अदृश्य सम्बन्ध बना रहता है।

समझ का विकास, परीक्षण और परिवर्तन, सब कुछ समय और समाज की अन्तर्बाह्य परिस्थितियों के साथ रचनाकार के सम्बन्धों पर निर्भर करता है। आन्तरिक सम्बन्ध, इतिहास और वर्तमान के बीच आर-पार होते रहते हैं। अपने अनुभवों को सभी दृष्टियों से परखने की कला ही व्यक्ति को समझदार बनाती है। तभी निखार आता है। समझदारी कोई अमूर्त चीज़ नहीं है। सह-अनुभूति, संवेदना और संवाद ये तीनों मनुष्य की समझदारी को बराबरी की ओर ले जाते हैं। आज़ादी के बाद की पीढ़ी, प्रत्येक व्यक्ति के माध्यम से अपने समय की समझ को प्रकट होते हुए देख रही थी। गरीबी की गिरफ्त में बढ़ती आशंकाएँ और निराशा के तूफानी विस्तार, पूरी पीढ़ी को दिशाहीनता का शिकार बना रहे थे। आज़ादी के संग्राम में महात्मा गाँधी की भूमिका की यह पीढ़ी गवाह नहीं थी लेकिन आज़ादी के बाद विनोबा भावे के भूदान आन्दोलन की प्रतिक्रिया में नक्सलवाड़ी से प्रारम्भ हुए भूमि बाँटों की तर्ज पर 'भूमि हथियाओ आन्दोलन' का राजनीतिक उत्पीड़न वे देख रहे थे। भूमिहीनों को एक टुकड़ा भूमि उपलब्ध कराने का मतलब था उन्हें इस देश की ज़मीन से जोड़ना। इस दृष्टि से साठ के बाद के साहित्य का अध्ययन अभी तक नहीं हुआ है। साठ के बाद की कविता नेहरू, लोहिया और रजनीश के बीच के द्वन्द्व की भी एक यात्रा है।

उस समय भी कविता के शिल्प का बहुत रोना रोया गया। कविता भले ही शिल्प विहीन हो गयी हो लेकिन वह जीवन के नये कथानक से आपूरित होने लगी। शिल्प भी एक अलंकार है। अलंकारहीन होने के लिए शिल्पहीन होना भी जैसे ज़रूरी हो गया हो। फिर भी 1960 के बाद की कविता ने अपना एक खुरदुरा-सा विशेषणविहीन शिल्प तैयार किया जिसमें अपने समय के शक्तिशाली

अकाव्यात्मक मुहावरे जगह पाने लगे। इन अकाव्यात्मक कविताओं के कथ्य में उस समय की युवा पीढ़ी का वह उतावलापन साफ दिखाई देता है जो आज़ादी के बाद का चमत्कार घटित होते देखना चाहता था। यह उस देश का भी उतावलापन था जो चमत्कारों की प्रतीक्षा में सदियों ध्यानस्थ रहने का अभ्यस्त था। अब लोग न ऊब में डूब सकते थे, न ऊब के गीत गा सकते थे। लोग ऊब से उबरना चाहते थे।

जीवन में घटित परिवर्तनों की आहट भले ही कुछ लोगों को बाज़ार में सुनाई देती हो लेकिन जीवन, बाज़ार और प्रकृति में परिवर्तन की बौद्धिक आहट मुझे आज भी कविता में ही सबसे पहले सुनाई देती है। परिवर्तन को अपने में ढालना और खुद उसकी निजी गढ़न का हिस्सा बन जाना, यह कविता की परम्परा रही है। दुखों से पैदा होकर भी कविता असंख्य खुशियों की तरफदारी करती लगती है। स्वयं वह एक माध्यम और साधन होते हुए अपने रचनाकार का साध्य भी है। कविता को ही यह गरिमामय स्वभाव हासिल है कि वह साधन और साध्य दोनों को अपनी योग्यता बना लेती है। अपनी आयु को एक से दूसरे समय में पहुँचाती वह हमेशा ही अग्रसर दिखती है। कविता केंचुल बदलती है, मरती कभी नहीं। कविता में आज के लिए आज और कल के लिए कल से काम नहीं चलता। प्रवृत्तियों को भले ही कुछ लोग दशकों आदि में बाँटकर देख लेते हैं लेकिन घटनाओं की आवृत्तियों और परिणामों को दशकों में नहीं बाँटा जा सकता। अच्छी रचना में समाया समयानुभव अपने को अखण्ड और अनवधि काल का हिस्सा बना ही लेता है। यही कारण है कि अच्छी कविताओं की स्मृति अपने प्रथम उच्चारण और आचरण के साथ हज़ारों परिवर्तनों से छनकर आने के बाद भी निरन्तर मनुष्यों से जुड़ी हुई है। इस जुड़ाव को बनाये रखना है अन्यथा हम 'स्मृति विकलांगता' के शिकार हो जायेंगे।

इस समय पूरी दुनिया की कविता हमारे सामने है। जो हो चुकी है वह कविता अगर हम कोशिश करें तो हम से आज छिपी नहीं रह सकती। मगर एक कविता है जो हम से छिपी हुई है और वह है भविष्य की कविता, उसे कविता का भविष्य कहना युक्ति संगत होगा। भविष्य की कविता को अपने वर्तमान में मनुष्य के द्वारा ही पैदा होना है, मशीन के द्वारा नहीं।

इस समय कविता में शिल्प बहुत दिखता है, कविता कभी-कभार ही दिख पाती है। कथन के अनोखेपन को हर बार नये सिरे से खोजने और बचाये रखने वाले अनुभवी, अध्येता कवियों की आवश्यकता हमें सभ्यता के हर मोड़ पर रहेगी।

कविता के हर सिलसिले से एक नया सिलसिला पैदा हो जाता है। उद्विग्न,

उत्सुक और उद्वेग से भरी, संवेदनात्मक संपृक्तता से छलछलाती कविता, सदियों हमारे साथ रहने के बाद भी, आगे की सदियों के साथ भी रहना चाहती है। हर युग के लोगों को अपनी प्रतिभा और उपलब्धियों में कविता को पहचानने और बनाये रखने का संस्कार पैदा करना होगा। ऐसा इसलिए भी ज़रूरी है क्योंकि हम चाहते हैं कि कविता हमारे साथ ज़रूर रहे, क्योंकि हमें उसके साथ रहने का आनन्द मालूम है। सृष्टि के आदि से कविता में मनुष्यों की विविध स्थितियों और यात्राओं को देखिए तो लगता है हमारी पीढ़ी (जिसमें कम-से-कम तीन पीढ़ियाँ एक साथ सफर कर रही हैं) को, कविता सम्भवतः अधबीच में मिली है। यानी कि मझधार में उसने रचनात्मकता में कई परिवर्तनों को उकसाया है। रूढ़ियों की तरह खड़े अपने तटों को ढहाया है। इस तरह उसने आन्तरिक विश्वासों पर आधारित जीवन पद्धति को सभ्यता के स्वतन्त्र मुहाने पर उर्वरता भी प्रदान की है। कविता ही सबसे पहले यह सिखाती है कि अपने किसी कायाकल्प को या अपनी मुक्ति को वह अपने नये जन्म का कथ्य और शिल्प बना सकती है। इसके लिए चाहे उसे अपने किसी स्थापित शानदार स्वरूप को मोक्ष ही क्यों न प्रदान करना पड़े। इस तरह कविता हमेशा परिवर्तनकामी मनुष्यों के साथ अपने को तोड़ने से पैदा होती रही है। पहली तोड़-फोड़ वह अपने स्थापित स्वरूप और सौन्दर्य में ही करती है। सहसा वह कथ्य और भाषा को सादगी की चरम गहराई और उच्चता तक पहुँचाने के लिए किसी नये और पुराने कवि के माध्यम से प्रगतिधर्मी के साथ-साथ प्रयोगधर्मी भी बन जाती है। वैज्ञानिकों की तरह कवियों को भी प्रयोग से बहुत प्यार है। कविता, अनुभवों से पैदा हुई अभिव्यक्ति के लिए, नयी भाषा ईजाद करने की प्रयोगशाला भी है। वह प्रयोगशाला खुद हमारा जीवन है और उससे सम्बन्धित समाज है।

कविता की परम्परा में परिवर्तन अन्तर्निहित हैं। परम्परा का अर्थ जस का तस अनुकरण नहीं। कविता की परम्परा रही है कि वह जीवन के हर परिवर्तन को अभिव्यक्ति के लिए अपने में ढलने देती है और उस विचार को एक नयी गढ़न दे सकने का प्रयास करती है। यह नयी गढ़न केवल विषय वस्तु पर ही नहीं कवि की अपनी कल्पना शक्ति पर भी निर्भर करेगी। क्योंकि कविता का एक माध्यम भाषा है, दूसरा माध्यम कवि है। तीसरा माध्यम वह कविता स्वयं में अपना साध्य बन जाने को देखती है। तभी वह अपनी आयु रेखा को एक से दूसरे समय में पहुँचाती है। अपने समय के अलावा वह दूसरे समय के लोगों की चिन्ता में शामिल हो जाती है। किसी भी समय की कविता किसी भी समय में जब जीवन के सरंजाम और सरोकारों में शिरकत करने लगती है तो वही

उसकी सार्थकता और पुनर्जन्म का भी क्षण है। अच्छी कविता, सदियों हमारे साथ रहते हुए भी आगे सदियों हमारे साथ रहना चाहती है। क्योंकि हम चाहते हैं कि वह हमारे साथ रहे। संस्कृति और सभ्यता में वह तत्त्व जीवित रखना है जो कविता की चाह को भले ही अदलता-बदलता रहे, लेकिन जीवित रखे। समय और समाज बदलता है लेकिन उसके बचपन की और बचपने की तस्वीरें साथ रखने से ताकत मिलती है।

अपने सुख-दुख को, अपने परिवर्तन को, अपने से बात करने के अन्तरंग रास्ते को प्रकट करने के लिए कविता आत्मालापी विधा रही है। काव्य-दृष्टि परिवर्तन को उकसाती भी है, साधती भी है और उपजाऊ भी बनाती है। कविता विचार और शैली का सम्पूर्ण विलयन है। कविता की परम्परा, परिवर्तन की परम्परा है। उस परिवर्तन की जो एक से दूसरे और दूसरे से तीसरे की ओर अग्रसर रहता है। यह परम्परा अपने अन्त में भी अपने मूल से जुड़ी होने के बावजूद अपनी अन्तर्बाह्य गतिशीलता के कारण स्वयं में ही स्वयं को अदलती-बदलती रहती है। गतिशील परम्परा अपने परिवर्तित स्वभाव के कारण रूढ़ि बन ही नहीं सकती। परम्परा मूल से मौलिक तक परिवर्तनशील गति की निरन्तरता बनाये रखती है तभी वह 'मौलिक' हो पाती है। इसीलिए परम्परा में परिवर्तन अन्तर्निहित है।

भाषा के माध्यम से अज्ञात और अदृश्य में झाँकने की विरल कोशिश है कविता। अभिव्यक्त भी होना है और अनभिव्यक्त को भी समझना है। कहे हुए को समझना है और अब तक नहीं कहे हुए को कहना है। कितना कहना है और कितना छिपाना है, यह काव्याभिव्यक्ति का आत्मसंघर्ष है। इन्हीं स्थितियों और प्रश्नों के बीच मैंने एक नासमझ जिज्ञासु की समझ से लिखना शुरू किया। मैंने जो कुछ जाना अपनी जिज्ञासाओं के कारण जाना है। पुराने कवियों के भाषा व्यवहार, उनके अभिव्यक्ति कौशल और अनुभव की प्राणशक्ति खँगालने के उनके तौर-तरीकों को समझने के नजरिये से उन्हें फिर-फिर पढ़ा। यह उनकी ताकत थी कि उनमें से हर कोई मुझे अपने जैसा ही बनाना चाहता था। लेकिन मुझे किसी एक मठ का मठी नहीं बनना था।

इस तरह मैं धीरे-धीरे ही सही उनसे अपने को अलग करने में लगा रहा। उन्हीं में से कुछ बड़े कवियों ने इस अलग होने की इच्छा को ताकतवर भी बनाया। कविता हो या अभिव्यक्ति का कोई कलाक्षेत्र, सीखने से मुक्ति नहीं देता, बल्कि सीखने को सँवारता है। भाषा के नये बवंडर को अभिव्यक्ति का दुर्निवार वैभव कैसे बनाया जाय, यह कवि के लिए हमेशा एक चुनौती है और इसके लिए वह जीवन भर जिज्ञासु छात्र की तरह कुछ-न-कुछ सीखता रहता

है। बड़े कवि सचमुच ही महान हैं क्योंकि उनसे सीखते हुए लकीर का फकीर न बनने की प्रेरणा मिलती है। वे पराजित नहीं करते बल्कि निराशा के उस बिन्दु पर ले जाते हैं जहाँ से अचानक कोई नयी आशा पैदा हो जाती है। एक स्वसाध्य आशा। पुराने कवि न होते तो कविता की नदी में मैं अपने हिस्से की झक—(झष-मछली) न मार रहा होता। नये कवि का जन्म पुराने कवियों से होता है। पुराने में सबसे पुराना है आसमान और आसमान में सबसे पुराना है सूर्य, लेकिन दोनों रोज़ नये हो जाते हैं। पृथ्वी के सन्दर्भ में कौन इन्हें रोज़ नया बनाता है? पृथ्वी की परिक्रमाएँ और उसकी अपनी सृजन शक्ति, अपने पूरे परिवेश को रोज़ नया बना देती है। घूमना, यहाँ तक कि अपनी आवृति रोज़ करना भी अपने को नया बनाना है। यह दुनिया केवल नये की नवीनता से नहीं चलती बल्कि पुराने की नित्य नवीनता से भी चलती है। सृजन के रास्ते में ऐसी बहुत पहेलियाँ हैं जिन्हें समझने के लिए कई बार जीना-मरना पड़ता है। जो पुराना है वह भी और जो नया है वह भी—संरचना और परिवर्तन की दृष्टि से निर्माणाधीन है। प्रतिभा, नये के साथ नयी और पुराने के साथ पुरानी नहीं होती बल्कि प्रतिभा विचार और व्यवहार से नयी-पुरानी दिखने लगती है। प्रत्येक व्यक्ति की वैचारिक आभा प्रकट करने लायक स्पेस जीवन में और समाज में बनाये रखना सृजनशील प्रतिभा का काम है।

कवि और कविता मेरे लिए शुरू से ही एक पहेली रहे हैं। दोनों का प्रबल वांछनीय आकर्षण कभी कमज़ोर नहीं पड़ा। कवि और कविता इन दो शब्दों ने मुझे निजी अर्थ में हमेशा निर्माणाधीन बनाये रखा। अनुभव मुझे हमेशा कच्चे फल के रूप में ही प्राप्त हुए जिन्हें नयी-नयी विधियाँ अपनाकर मुझे पकाना पड़ा और हमेशा ही लगता है कि मैं कच्चा माली और खराब रसोइया हूँ। मैं वह बीज हूँ जिसे अभी अपने को उगने लायक मिट्टी नहीं मिली है। क्योंकि कविता में कोई एक विधि- विधान उसी रूप में काम नहीं आता जैसा कि कर्मकांड में आता है। सायास और अनायास कुछ नया पाने के लिए परिवर्तन की प्रक्रिया में जो कुछ खोना होता है, उसके बरक्स, अपने विचारों और काव्य संस्कारों के परिष्कार के लिए कुछ पाना-बटोरना भी हो जाता है। इसीलिए मनुष्य को 'कवि मनुष्य' हो पाने के लिए कड़ी और बड़ी सजग मेहनत के साथ कई रूपान्तरणों से गुजरना पड़ता है। तभी बाकी के कथनों-प्रकथनों और शेष गद्य से कविता का गद्य कथन कुछ अलग हो पाता है। कवि होने के लिए सोच के आवेग को स्वाध्याय, तात्कालिकता और प्रतीक्षा के तिहरे दबाव से गुजरना पड़ता है। कुछ नहीं कह पाने को जैसे कहा जा सकता हो वैसे ही न कहने के द्वन्द्व से गुजरना।

जब वैसे नहीं कहेंगे तब कैसे कहेंगे कि जन्म की प्रतीक्षा करना कुछ अद्वितीय कहने का द्वन्द्व और इन्तज़ार वस्तुतः किसी चीज़ को भूलने नहीं देता। स्मृति, तात्कालिकता और दीर्घकालिकता दोनों को साधती है और प्रतीक्षा शिल्प को। स्वाध्याय दृष्टि का परिमार्जन करता है। सबके देखने के ढंग से अपने देखने का ढंग उपजता है। इसी स्वाध्याय निर्मित स्वानुभूत स्वतन्त्र दृष्टि का नाम प्रतिभा है और मैं अपने अनुभवों से उसे ही पाना चाहता हूँ। प्रत्येक की आभा के बाद यदि मेरी आभा भी अपनी जगह बनाती है तो निश्चय ही वह मेरी प्रतिभा है।

कवि के रूप में भी, व्यक्ति में छिपे उसी सांस्कृतिक मजदूर को देखा जाना चाहिए जो बोने-काटने में ही नहीं सभ्यता के उत्खनन में भी लगा हुआ है। कवि आजीवन जिज्ञासु और ज्ञानार्थी रहता है। मनुष्य में कवित्व के उद्रेक के बिना कविता सम्भव नहीं। कविता को हर बार एक व्यक्ति-कवि चाहिए। कवि जो एक व्यक्ति के समस्त नागरिक-अनागरिक कर्तव्य जानता हो, जो शब्दों और भाषा के पूर्वरूप से अनुरूप तक जानता हो, जो स्मृति और अनुस्मृति को तो कृति बनाता ही हो विस्मृति को भी कृति बना दे। चाहे व्यास की तरह चाहे कालिदास की तरह। जो स्मृति के साथ रघुवीर सहाय की तरह यह भी याद दिलाये कि लोग क्या भूल गये हैं। यथार्थ के हर पहलू की वह पुनर्सृष्टि कर सके तभी वह कवि है। ऐसे कवि की कविता से हम जान पाते हैं अन्याय, असमता और असौन्दर्य के कितने नये ठिकाने इस बीच सभ्यता के सफर में तय हुए हैं।

ज्ञान और अनुभव से सिंची कवि की प्रतिभा अभिव्यक्ति को हर बार नया करने के संकट से गुजर रही होती है। कथ्य के साथ उसे भी समझने की शक्ति उसकी रचनाएँ ही दे रही होती हैं। अभी तक कवियों की प्रतिभा का श्रम, त्रासदियों से भरी सदियों में हमें सौभाग्य से मिलता रहा है, जो हमें आगे-पीछे ले जा सकता है। बशर्ते कि हममें से प्रत्येक व्यक्ति इस बात के लिए सच्चे मन से चिन्तित हो कि मैं कविता क्यों नहीं समझ सकता? और वह कविता समझने ही नहीं लगेगा बल्कि उसकी श्रीवृद्धि भी करने लगेगा। इसलिए भागो नहीं अपने को बदलो और जो भी जानते नहीं हो उसे जानने की कोशिश करो। कविता तुम्हारी अभिव्यक्ति से ही तुम्हें जानने का मौका देगी।

कविता का जन्म-अनुभव, विचार, भाषा और प्रतीकों को फिर से पैदा करने के लिए हुआ प्रतीत होता है। हर शब्द, वाक्य और पंक्ति का यहाँ सतर्क संधान आवश्यक है। सुचिन्तित मिथकथन, सुगढ़ सांकेतिक संक्षिप्तता और गहरी रहस्यमयता (रहस्यवाद नहीं) का कविता में अलग ही सम्मोहन होता है। 'इस सादगी पे कौन न मार जाये ऐ खुदा!' सपाट बयानी के बावजूद कविता को

सारे शिल्पों का जमघट और सारे इल्मों का कर्मक्षेत्र होना चाहिए। एक अच्छी कविता कर्म, विचार शैली और सौन्दर्य का सम्पूर्ण विलयन अपने में लिए होती है। विस्मयकारी यह है कि यह सब कवि के तादात्म्य और संवेग की देन है। लगता है कि कवि के माध्यम से कविता का जन्म अनुभव को भाषा के शिखर पर पहुँचने के लिए हुआ है। अन्यथा नया अनुभव और नयी भाषा पाने का इतना धीरज भरा उद्वेग किसमें है? इसीलिए मैं कहता हूँ कि कवि कहीं से भी हासिल हो सकता है और कविता कहीं से भी नाज़िल हो सकती है। 'इस यात्रा में' की कविताओं ने मेरे साथ पहला काम तो यह किया कि 'नाटक जारी है' की कविताओं से मुक्ति दिलायी। ये कविताएँ न उन कविताओं का परिष्कृत रूप हैं न विकसित रूप, यह तो एक अलग ही शुरुआत है। ये कविताएँ अपने अनुग्र स्वभाव में भी संघर्ष करती दिखती हैं। इनमें भी धार है लेकिन तलवार की नहीं पानी की और कहीं-कहीं तो केवल घास की और अन्य पत्तियों के धार से काम चलाने की कोशिश की गयी है।

उस समय कुछ मित्रों ने इसे नये ढंग की प्रेम कविताओं का संग्रह घोषित किया था। कुछ ने इन्हें अधिक मानवीय सरोकारों की कविता कहा था। कुछ की शिकायत थी कि भाषा के वे तेवर नहीं हैं जो 'नाटक जारी है' में थे। धूमिल ने एक पत्र में लिखा—"इस संग्रह की भाषा खरगोश से भी ज्यादा कोमल है। लेकिन कविताओं को अगर कई बार पढ़ा और सहलाया जाये तो पता चलता है कि खरगोश की हड्डियाँ स्टेनलेस स्टील की शैली में ढले हुए अनुभव के सुदृढ़ प्लास्टिक से बनी हैं। एक तरह से तुमने मुझे शिल्प परिवर्तन की चुनौती दी है (जो तुम कहते भी रहते हो) और मैं तुम्हारे इस सन्देश को स्वीकार करता हूँ।...मेरी बधाई!..." दरअसल धूमिल ने राजकमल चौधरी से जो शिल्प लिया था उससे छुटकारा पाने की मैं उसे अक्सर सलाह देता था। इसी की प्रतिक्रिया में धूमिल ने कुछ दिन बाद मुझे 'दोपहर में वायलिन' कविता सुनाई थी।...धूमिल का पत्र पढ़कर यह ज़रूर लगा कि अपनी कविता के लिए सम्भवतः नया रास्ता निकालने की कोई चेष्टा मुझमें कहीं काम कर रही है और धूमिल में भी काम कर रही थी।

उन दिनों कविता का हाल कहानी से बिल्कुल अलग था। कविता पढ़ते हुए कहानी पाठक खुद बना लेता था। कविता के नाम पर कहानी जैसी कहानी नहीं परोसी जाती थी कि सिर्फ़ अन्त में या समग्र प्रभाव में कविता ढूँढ़नी पड़े। अन्त भला तो सब भला। शब्द, वाक्य, विराम चिह्न,..., हाइफन और कविता के जोड़-तोड़ वाले स्थानों पर भी कविता पैदा करनी पड़ती थी। शिल्प में भी दृश्य

की माँग की जाती थी। अगर किसी ने कहा कि 'मैं उठा' तो कविता में मैं/उठा को ऊपर से नीचे की ओर लिखना, नीचे से ही ऊपर की ओर उठने का प्रतीक माना जाता था। या फिर 'मैं उठ्ठा'।

इन कविताओं के चालीस साल मैं कई तरह से याद कर सकता हूँ। 1974 में 'साहित्य भारती' से यह पहली बार प्रकाशित हुआ, दूसरी बार 1983 में राजकमल प्रकाशन और 2009 में यह तीसरा संस्करण। क्या इससे बड़ा भी कोई विलम्बित ख्याल होता है? अपने प्रथम प्रकाशन (1974) के समय इसे अज्ञेय, शमशेर बहादुर सिंह, सर्वेश्वर दयाल सक्सेना और धूमिल ने बहुत सराहा था। तदनन्तर चन्द्रकान्त देवताले, विष्णु खरे, असद जैदी, राजेश जोशी, अरुण कमल, मंगलेश डबराल, त्रिनेत्र जोशी, प्रभाती नौटियाल, मदन कश्यप और अवधेश प्रीत, प्रेम साहिल, ओम थानवी जैसी प्रखर प्रतिभाओं को यह संग्रह उल्लेखनीय मोड़ की तरह दिखाई दिया था। इस संग्रह का स्मरण आठवें दशक की कविताओं के सन्दर्भ में भी कुछ सुधी विचारकों ने किया। कवि सर्वेश्वर दयाल सक्सेना ने 18 मई, 1975 के 'दिनमान' में इस संग्रह की जो समीक्षा की थी उसे कविताओं के उद्धरण हटाकर इस संस्करण के रैपर पर दिया जा रहा है। मेरा सौभाग्य कि अज्ञेय जी इस संग्रह की कविताओं के प्रशंसक रहे हैं और निर्मल वर्मा इन कविताओं पर अपनी मुग्धता जताते थे।

अपने समय की भाषा को अपनी कविता के लिए नये सिरे से पकड़ना और गढ़ना होता है। पीछे देखता हूँ तो आत्मविश्वास बढ़ता है कि कुछ कविताओं ने अपने को गढ़वाने के लिए मुझे चुना। समय लाँघने की शक्ति केवल गढ़न में नहीं विचारों में होती है और विचार भी कविता में आकर सीधे-सीधे विचार नहीं रह जाते। इस स्थिति में अभी यह संग्रह 35 साल ही लाँघ पाया है। इसने अपने वस्तु जगत में और तल्लीन किया है। परम्परा को भी हर बार नये विचारों वाली देह चाहिए होती है। यह देह हमेशा नयी बनी रह सके यही कविता का असली सौन्दर्य है। कितना अच्छा लगता है कि किसी रचना में तात्कालिकता का असली सौन्दर्य होते हुए भी समकालीनता और प्राचीनता के सारे कामयाब गुण मौजूद हों और वही कविता आधुनिक समय में भी कोई सही और नयी बात कह पा रही हो।

उन दिनों के प्रेम में पड़े हुए पाँच अभिन्न मित्रों को यह संग्रह आज भी उसी निष्कपट और नये ढंग से प्रस्फुटित होते स्नेह के साथ समर्पित है।

जहाँ तक मैं समझता हूँ—कवि को हमेशा सड़क पर रहना चाहिए जो सबसे बड़ा दुर्घटनास्थल है। और लिखना ही हो तो एक ऐसा हादसा लिखना चाहिए

जिसमें प्रार्थना सम्बन्धी तमाम शब्द विरोध में चले गये हों।

राजनीतिक शब्दावली से रहित कविता को उन दिनों अकारण रूमानी मान लिया जाता था। हिन्दी कविता में जो अशान्ति और उग्रता सातवें दशक में फैली उसका एक ही सौभाग्य था कि वह पश्चिम के मुकाबले देसी अशान्ति से पैदा हुई ज्यादा लगती है। वह आधुनिकता से ज्यादा राष्ट्रीयता की चिन्ता करती लगती है। भले ही इस दृष्टि से उस समय की कविता पर विचार नहीं हुआ है पर मुझे हमेशा लगता रहा है कि यह कविता मैथिलीशरण गुप्त और दिनकर से ज्यादा 'भारत अन्वेषी' कविता है। सातवें दशक की हिन्दी कविता में जो भारतीय समाज है वह अब अलग से परखा जाना चाहिए।

'इस यात्रा में' संग्रह के द्वारा अपनी कविताओं की एकरसता से उस समय बाहर आने का मौका मिला। निश्चय ही इन कविताओं ने मेरे लिए अनुभवों का और भाषा के बदले हुए रूप का नया दरवाज़ा खोला। यह महसूस किया कि प्रेम कविताओं से भी राजनीति की अभिव्यक्ति की जा सकती है। पेड़ हो चाहे पहाड़, परिवार हो चाहे समुद्र, हर कोई मुझे इस तरह उकसाता था कि ज़िन्दगी को एक ही हफ्ते में तहलके की तरह मचा दो। राजनीति और मानवीय प्रेम कुछ एकमेक से हो गये थे। ये कविताएँ मुझे, मेरे सिर पर घने बालों की याद दिलाती हैं। जब अपने समय का युवापन याद करना होता है तो अक्सर 'इस यात्रा में' शामिल हो जाता हूँ। बीती हुई (गयी बीती नहीं) पीढ़ियों का युवापन और आती पीढ़ी के युवत्व की दुनिया, मुझे दोनों में ही यात्रा करना उत्साहवर्धक और आनन्ददायक लगता है। इस दृष्टि से देखता हूँ तो 'इस यात्रा में' की कविताएँ अभी तक न ज़िन्दगी से निरस्त हो पायी हैं न परास्त। इनमें तरह-तरह से ज़िन्दगी में शामिल होने के बीज मौजूद हैं।

पिछले तीस-पैंतीस वर्षों के भीतर ज़िन्दगी में कविता के लिए 'स्पेस' घटा है। शायद ऐसा इसलिए हुआ हो कि कविता से पैदा होने वाली स्मृति और कल्पना को, यथार्थ पकड़ने वाले अत्यधिक शक्तिशाली अन्य माध्यमों ने छेक दिया। या फिर इसलिए हुआ हो कि व्यक्ति द्वारा अकेले पैदा किया हुआ रचनात्मक-कलात्मक आनन्द मनुष्य को सुसभ्य बनाने के लिए कम लाभदायक परिणाम वाली परम्परा का अंग रह गया हो। यह जो ज़रूरत से ज्यादा संख्यावादी राजनीतिक दृष्टि का दिन-ब-दिन फैलता प्रकोप है इसने व्यक्तिगत जीवन को कई महत्त्वपूर्ण गुणों से वंचित कर दिया है। और भी बहुत-से सवाल हैं जिनके उत्तर में अपनी रचनात्मक पात्रता का परीक्षण स्वयं कर लेना न उचित है न सम्भव।

इन्द्रियाँ एक-दूसरे की संवेदना को ग्रहण करने लगें। कान, आँख के पूरक

बनें और आँख, कान की पूरक हो जाय। कान तक लोचन चले जायें और कान लोचन तक आ जायें तब 'आ-लोचन' सम्भव है। स्वप्न हो चाहे श्रुति, दोनों में दृष्टि की प्रधानता है। श्रुति और दृष्टि का ताल-मेल आलोचना को महत्त्वपूर्ण बनाता है। अच्छी रचना में देखना-सुनना एक हो जाता है। जो रचनाएँ अनुभव को एक साथ सुनाती भी हैं और दिखाती भी हैं—उनकी पहचान आधुनिक आलोचना ने करायी नहीं।

आज अधिकांश कविताएँ किसी अनुभव की तत्काल सरलतम अदायगी तक जाकर रुक जाती हैं। वहाँ से आगे कुछ दिखाई, सुनाई नहीं देता। अनुभव की कठिनाइयों तक पहुँचकर सरल होना एक अलग बात है और अनुभव की सिर्फ़ सरल अदायगी एक जुदा बात है। अनुभव भी अभिव्यक्ति में अपना सही और सटीक अनुवाद चाहता है। यही मूल अनुवाद तो रचनात्मक पुनर्सृजन है। मौलिक वही है जिसके बहुत-से सिर (मौलि) और बहुत-सी जड़ें हों। मौलि और मूल। इसीलिए प्रकृति को सबसे पहले मौलिक कहा गया क्योंकि उसके पास बहुत-से सिर और बहुत-सी जड़ें हैं। बहुत-से सिर और बहुत-सी जड़ों वाली रचना ही एक पेड़ की तरह अपने में जंगल समेटे हुए मौलिक कही जा सकती है। रचना में मौलिक होना इस पर भी निर्भर करता है कि हम रचना के बीज अनुभव का किस तरह पोषण और संरचनात्मक अनुवाद करते हैं। वहीं से मौलिकता पैदा होती है, मौलिकता से कोई रचना खुद पैदा नहीं हो जाती। मूल स्रष्टा को ही यहाँ द्रष्टा बनकर अपनी मौलिकता सिद्ध करनी पड़ती है।

आज आधी सदी से ऊपर जीवन जी लेने के बाद भी मुझे अपनी कविता के लिए नयी बोली और अनुभूति की उतनी ही व्यग्र पड़ताल है जितनी बीसवीं सदी के मध्य में थी, जब मैं स्नायुगत शारीरिक विशिष्टताओं के कारण युवा था। सारी नयी सदियाँ पिछली सदियों के उपार्जन से जूझती और शक्ति ग्रहण करती हैं, तब जाकर कोई नया विचार, नया उत्पादन, नयी जीवन पद्धति बन पाता है। इक्कीसवीं सदी के पहले दशक के कथित नये ज़माने में सब कुछ तो बीसवीं सदी से आया है। मनुष्य भी और उसकी समस्याएँ भी बीसवीं सदी से आयी हैं। इक्कीसवीं सदी का अपना पैदा किया मनुष्य 2020 के बाद ठीक से संवाद करेगा और टकरायेगा। अभी तो पिछली सदी के उत्तरार्द्ध के विचार ही आपस में टकरा रहे हैं और अपने फलने-फूलने की नयी गुंजाइशें पैदा करने में जुटे हुए हैं। इक्कीसवीं सदी के सम्भावनाशील नये कवि के स्वागत के लिए मैं उत्कंठ हूँ।

अन्त में एक बार फिर से शुरुआत की ओर झाँकता हूँ तो पाता हूँ कि 'इस यात्रा में' संग्रह की कविताएँ लगभग बाइसवें वर्ष से आगे की जीवन यात्रा के

स्फुरण, मरण और संस्मरणों के बिम्ब हैं। 'न ययौ, न तस्थौ' (न जा सकना, न रुक सकना–कालिदास) के मुहावरे में वे दिन बीत रहे थे। 'शैलाधि राज तनया, न ययौ, न तस्थौ' (शिव को देखकर–शैलाधिराज की बेटी न जा सकी न रुक सकी); तो फिर क्या हुआ उसका? यह चकित होकर स्तम्भित रह जाने का एक चित्र है। स्तम्भित पार्वती का पिक्चर पोस्टकार्ड। पार्वती का एक पाँव हवा में उठा हुआ। प्रेम से बड़ा कोई दूसरा 'सर्कस' नहीं। हवा में तनी हुई एक रस्सी पर दौड़ना है और वहाँ पर 'न ययौ, न तस्थौ' हो जाय तो? आज, अपने साथ बीते हुए समय में, उतनी दूर अपने को चिन्तित खड़ा देखता हूँ तो कालिदास के ही शब्दों में अपने रचना काल में खुद को–'न प्रबुद्धं-न सुप्तं' (न जागा हुआ, न सोया हुआ) की हालत में पाता हूँ। यह अर्धजाग्रत अवस्था नहीं थी बल्कि हर चीज़ में, हर क़ीमत पर कविता ढूँढ़ने की बेचैन और व्यग्र स्थिति में स्वयं को डाले रहने की उत्कटता थी।

जब कोई कविता बन जाती तो मैं खुद को उससे अलग कर लेता था। मैं उस व्यक्ति की तरह उस कविता को देखता जो कि कवि नहीं है। तब अगर वह मुझे भाती तो मुझे लगता कि सम्भवतः यह कविता ठीक है। मैं बीमार मनुष्य की तरह पीड़ा को ही शरीर समझकर नहीं जीना चाहता था। अपनी पीड़ाओं से बाहर आकर मैं कविताओं के रूप में एक स्वस्थ शरीर का निर्माण करना चाहता था। बीमार को शरीर ज्यादा याद रहता है, जबकि स्वस्थ व्यक्ति शरीर को भुला सकता है। इसी तरह रचनात्मकता के क्षेत्र में कभी-कभी माध्यम को भी भुलाना पड़ता है। ताकि माध्यम के बावजूद यह कहा जा सके कि मैं सिर्फ़ माध्यम ही नहीं हूँ। शरीर के बावजूद यह कहा जा सके कि मैं सिर्फ़ शरीर ही नहीं हूँ।

यानी कि मेरी तीव्र इच्छा थी कि मेरी एक कविता से दूसरी कविता इतनी अलग हो जाय कि वह मेरी न लगे। पर क्या मैं ऐसा कर पाया? क्या मैं अपनी हर कविता में इतना नया और प्राणवान हूँ? उन दिनों तो मैं यह भी चाहता था कि मेरा हर कविता संग्रह मेरे किसी नये नाम से निकले। यानी मैं हमेशा इतना नया होना चाहता था कि देखिए, अभी-अभी आया हूँ और इतना मैं जान गया हूँ। पर संसार के अनुभव ने नये होने की मेरी अवधारणा को धीरे-धीरे बदल दिया। काम बदलना चाहिए नाम नहीं। पुराने पेड़ जब नया बसन्त लाते हैं तो बिना नाम बदले ही उनका यह नया काम ध्यान खींचता है। मौसम और मन दोनों बदल जाते हैं।

'इस यात्रा में' प्रकृति और जीवन की राजनीति एक-दूसरे से कहीं अधिक आमने-सामने है। जीवन में कितना समाज कब-कब आता है और किन-किन वजहों

से कब-कब वह मुझे एक व्यक्ति के रूप में अकेला कर जाता है। कुल मिलाकर यह कि 'इस यात्रा में' की कविताओं ने मुझे 'नाटक जारी है' की कविताओं से मुक्ति दिलायी और यह भी दिखाया कि सिर्फ़ शिल्प की पूर्ति अथवा अभिवृद्धि के लिए की कविता लिखना या लिखते रहना बेकार है। क्योंकि कविता का काम किसी समस्या को समाधान प्रदान करना नहीं है। इसीलिए कविता में किसी भाव को प्रकट करने का एक नियमित स्वैच्छिक और स्थिर तरीका भी नहीं है। जिन स्थितियों पर कविताएँ लिखी जा चुकी हैं उन्हीं स्थितियों पर आज का कवि जब लिखेगा तो वह पहले जैसी कविता से एकदम भिन्न होगी। यह भिन्नता अटपटी नहीं बल्कि सटीक भी होनी चाहिए। ठहराव के लिए और ठहराव तोड़ने के लिए, यानी दोनों के लिए, कविता की ज़रूरत हमेशा बनी रहेगी।

इस संग्रह की कविताओं में पीढ़ियों के द्वन्द्व से उपजा परिवार का विखण्डन कई बिन्दुओं पर दिखाई देता है। स्त्री-पुरुष प्रेम भी क्रान्ति का ही एक हिस्सा लगता है। सशस्त्र क्रान्ति के बजाय 'सस्त्री' (स्त्री सहित) एक नया जीवन देखने की इच्छा, संग्रह की कविताओं का विशेष अभीष्ट बनना चाहता है। भूख की तीव्रता और तीक्ष्णता की अभिव्यक्ति के लिए गोदाम लूटने के भाव या अभाव से काम नहीं लिया गया बल्कि जीवन की पूरी राजनीति ही प्राकृतिक स्थितियों के बिम्बों से प्रकट होती जाती है। अभिव्यक्ति के स्तर पर राजनीति और प्रकृत का यह गठजोड़ देखिए—

भूख ऐसे लगी हुई है जैसे गड्ढे में पेड़
जैसे पेड़ में पत्तियाँ। जैसे पत्तियों में रंग
भूख ऐसे धँसकर लगी हुई है जैसे ज़मीन के नीचे जड़ें
ऐसी फैली हुई है जैसे आकाश में हवा
ऐसे चुभी हुई है जैसे रिकार्ड पर सुई।

—*(दण्डस्वरूप)*

कोई भी जो नया सिलसिला कहीं शुरू होता है तो उसके अन्त में फिर वही निरर्थकता में से बच निकलने का संकट आ खड़ा होता है। दुख की पीड़ा और विपत्ति में धीरे-धीरे सुलगते साहस की चमक इन कविताओं में चीज़ों और स्थितियों के सहारे पैदा होती दिखती है। कई पीढ़ीगत अन्तरालों के बाद यह संग्रह फिर आपके हाथों में है। इसे कविता सम्बन्धी अपनी समझ के अनुसार फिर से पढ़ सकें और इसे आज भी अपने साथ पा सकें तो मुझे बहुत खुशी होगी और यही मेरे लिए उत्साहवर्धक होगा।

मैं लिखता क्यों हूँ

लिखना लेखक के लिए एक बोरिंग काम है। लेखक भी चाहता है कुछ अच्छा-अच्छा लिखा हुआ मिल जाय और लिखना न पड़े। इसीलिए मैं कहता हूँ कि कोई अच्छा लेखक है या नहीं, इससे पहले यह पता करो कि वह अच्छा पाठक है या नहीं। आजकल बहुत से मित्र मुझसे ख़फ़ा हैं कि कविताओं का नया संग्रह क्यों नहीं आ रहा है। मैं कहता हूँ दस तो आ चुके हैं अब ग्यारहवें के लिए कुछ तो सोचने दो। आजकल मैं पढ़ रहा हूँ। पढ़ने के बाद अगर ऐसा लगेगा कि अब भी कुछ लिखना शेष रह गया है तो हो सकता है उस दबाव के तहत मैं लिखूँ। साधारण पाठक को कुछ नहीं करना है, पढ़ना है और आनन्द लेना है। (अगर आनन्द लेने के लिए वहाँ कुछ है तो!) अत्यन्त साधारण पाठक को तो सिर्फ़ मज़ा लेना है और बाद में लिखे हुए को फेंक देना है।...लेकिन अच्छे पाठक के अनेक कष्ट हैं। पहले वह विषय तय करेगा, या अगर अकस्मात कोई किताब मिल गयी तो उसे उलट-पुलट कर यह तय करेगा कि इसे पढ़ना है या नहीं? क्योंकि पढ़ना स्वयं को विषय की जानकारी और लेखक की अद्वितीय दृष्टि से समृद्ध करने का एक जरिया है। पाणिनि ने स्वाध्याय को तप कहा है। अच्छा लेखन पाठक की स्मृति का हिस्सा बन जाता है। अच्छा लेखन भी एक घटना है। अच्छे पाठक का उस घटना से परिचित होना ज़रूरी है। अच्छे पाठक को अपना पढ़ा हुआ सारांश में ही सही, याद रखना पड़ता है। अच्छे पाठक को उस लिखे हुए के पक्ष में और विपक्ष में सोचना होता है। स्मरणीय को समेटना और उससे सीखना होता है। ताकि दूसरों पर प्रकट करने के लिए उसे वह दुबारा रचना पड़े तो खुद ही उसे अपने ढंग से रच भी सके। अच्छा पाठक बनना, अच्छा लेखक बनने जितना ही कठिन और महत्त्वपूर्ण कार्य है। अच्छा पाठक चाहे तो एक दिन अच्छे लेखक से भी अच्छा लेखक बन सकता है। अच्छे लेखक की तरह अच्छा कवि बनना दूसरी तरह की प्रक्रिया माँगता है। कवि को सबकुछ पढ़ना पड़ता है, कथा, कहानी, नाटक, पेंटिंग का इतिहास, भाषा-विज्ञान, साइंस की ईज़ादें, इतिहास और भूगोल, यहाँ तक कि जासूसी उपन्यास और सारी दुनिया

की कविताएँ भी। कवि किसी भी विधा के लिए कहानीकार सम्पादक की तरह यह नहीं कह सकता कि कविता मेरी समझ में नहीं आती। कोई कवि अगर सब चीज़ों या बहुत सारी चीज़ों को पढ़ता है तो यह उसका अपना शगल है। यह दूसरों को खोज-खोजकर पढ़ना, सबके लिए बाध्यकारी गुण नहीं बनाया जा सकता। लेकिन तमाम बड़े कवियों और लेखकों को जब हम पढ़ते हैं तब पता चलता है कि किस तरह उन्होंने अपनी ज़बान कमाई है।

पाठक रूपी लेखक को जब दूसरों के लिखे से ऊर्जा की जगह ऊब मिलने लगती है तब वह अच्छा पाठक एक अच्छे लेखक में परिणित होने के लिए कुछ ऐसा लिखने की ओर उन्मुख होता है जो ऊब दूर करने की ऊर्जा रखता हो और प्रेरणाप्रद व आनन्ददायक भी हो। अब आप कहेंगे इसमें 'सार्थक' शब्द छूट गया है लेकिन मैं कहूँगा कि सार्थकता की भी निरर्थकता मैं इस बीच बहुत देख चुका हूँ।

कवियों के लिए तो वैचारिक सौन्दर्य की व्यावहारिक पहचान भी ज़रूरी है। पहले तो कविता की हर पंक्ति में कुछ न कुछ नया काम होना चाहिए अगर ऐसा कदाचित सम्भव न हो सका हो तो कम-से-कम एक स्टैंजा में तो ऐसी कोई बात ज़रूर होनी चाहिए जो अनचखी हो या कालिदास के शब्दों में कहूँ तो 'अनाघ्रात' हो। ऐसी किसी अश्रुत और असोचित बात को कोई नयेपन का प्रेमी पाठक क्यों याद नहीं रखना चाहेगा? कवि और लेखक को यह कभी नहीं भूलना चाहिए कि उसे भाषा से ही सारे ब्रह्माण्ड को स्पन्दित करना है। दूसरा चाहे वह जो भी बाना धारण कर ले आखिर विचारधारा के आधिपत्य से मुक्ति की पहल भी उसे ही करनी है।

अब मैं अपनी बात यहाँ से शुरू करता हूँ कि मैं क्यों लिखता हूँ। मैं दुनिया की किसी भी भाषा की रचना से उद्विग्न और असन्तुष्ट होता हूँ तो मैं चीज़ों और स्थितियों को अपने दृष्टिकोण से रखना चाहता हूँ। इसमें प्रतिक्रिया और असहमति दोनों काम कर रही होती हैं। पर क्या मैं अपने लेखन से क्या कोई सहमति बनाना चाहता हूँ। शायद नहीं। मैं अपनी तरह की एक और असहमति का निर्माण कर रहा होता हूँ। मैं यथास्थिति से हर बार बाहर निकलने की कोशिश में अपने द्वारा ही धर लिया जाता हूँ।

मात्र उजाले के गीत गाने वालों से मैंने अपनी कविता में कई बार अपील की है कि अँधेरा भी उतना ही उर्वर और महत्त्वपूर्ण है। लेकिन पता नहीं क्यों अभी भी अँधेरे को गाली की तरह ही इस्तेमाल किया जाता है। असंख्य प्राकृतिक वस्तुएँ प्रचण्ड दिन के बाद गहन अँधेरे के इन्तज़ार में रहती हैं। उजाले को बहुत

सी जुगालियाँ अँधेरे में करनी होती हैं। जिसे हम सूचना, जानकारी और ज्ञान का प्रकाश कहते हैं, वह भी कई अँधेरों में चुगकर इकट्ठा किया हुआ होता है। हज़ारों वर्षों से अँधेरा-उजाला हमारे साथ चल रहा होता है। अत्यधिक उजाले की चौंध में भी एक अँधेरा होता है जो हमारी पुतलियों को फिर से देखने लायक शान्ति प्रदान कर रहा होता है। ब्रह्माण्ड में पहले कुछ था तो अँधेरा ही था। कौंध और विस्फोटक चौंध के बाद सहने लायक और अपनी ज़रूरत के अनुकूल सामान्य प्रकाश प्राप्त हुआ। प्रकाश भी दो प्रकार के हैं–एक सूर्य को जो मिला और दूसरा प्रकाश है सूर्य ने जो ब्रह्माण्ड को दिया। प्रकाश भी गुरुत्व का हिस्सा है। मैं दूसरे लोगों के बीच खुद को समझने के लिए लिखता हूँ क्योंकि मैं वह नहीं हूँ जो मैं खुद को समझता हूँ बल्कि मैं शायद अपने से ज्यादा वह हूँ जो दूसरे लोग मुझे समझते हैं। दूसरे लोग मुझे क्या-क्या समझते हैं, उस-उस तरह से मैंने खुद को कभी देखा ही नहीं। मैं लिखकर सबके बीच अपनी शिनाख़्त के लिए निकलता हूँ। दूसरों से मिलकर कभी-कभी मुझे लगता है कि मेरी और उनकी करुणा कई प्रकार की भूखों, भयों और दुष्टताओं से भरी हुई है। हम एक-दूसरे के जीवन में एक राजनीतिक विचारधारा से संचालित व्यक्ति नहीं होते बल्कि कई प्रकार के जन्म और मृत्युएँ हमारे भीतर भरी हुई होती हैं। हम कार्रवाई करने की जगह बदले ले रहे होते हैं। हम हज़ारों वर्षों की स्मृतियों से लबरेज होकर अपने बारे में निर्णय ले रहे होते हैं। दूसरों के बीच रहना इसलिए ज़रूरी है ताकि हम जान सकें कि वे हमें किस रूप में और हम उन्हें किस रूप में देख रहे हैं।

'यहाँ हर कोई अपना-अपना काम कर रहा है'–क्या यह कहकर मनुष्य की दुर्गति से मुख मोड़ा जा सकता है? मैं अपना मुँह उधर बनाये रखने के लिए भी लिखता हूँ क्योंकि मैं अतीत का शिशु और भविष्य का पूर्वज भी अपने मनुष्य होने को मानता हूँ।

मैं मनुष्य के कृतित्व को उसकी मृत्यु से बचाने के लिए लिखता हूँ। मनोविज्ञान का इतिहास साहित्य के अलावा कहीं नहीं मिलने वाला। मेरी आवाज़, दूसरों के बनाये हुए शब्दों से सम्पन्न हुई है, यह जताने के लिए भी मैं लिखता-पढ़ता हूँ। क्योंकि लिखा हुआ ही बताता है कि व्यक्ति की मृत्यु से हर चीज़ की समाप्ति नहीं हो जाती। मृत्यु के बाद भी घटनाएँ, लोग और उनके सुख-दुख हमें कुछ सीखने-सिखाने का मौका देने के लिए मौजूद रहें–इसलिए मैं लिखता हूँ। भिन्न-भिन्न दृष्टिकोणों वाले न्याय और अन्याय के बीच अन्तिम न्याय की खोज के लिए मैं लिखता हूँ। यहीं पर मेरा लेखन, मेरा साधन और मेरा साध्य, दोनों हो जाता है।

लेखक में और कवि में क्या फ़र्क़ है। लेखक में भी कवि होता है और कवि में भी लेखक होता है। दोनों शब्दों की ध्वनि जो फ़र्क़ पैदा करती है उसके अनुसार लेखक के सम्बन्ध लिखने से ज्यादा बनते हैं जबकि 'कवि' शब्द का सम्बन्ध लिखित और मौखिक दोनों ओर जाता है। सम्भवतः इसीलिए कहा जाता है कि कविता लिखी नहीं जाती की जाती है।

'कविः कवयति'। जो थोड़ा-बहुत अनोखी कल्पनाशीलता के साथ कवियाने के नजदीक पड़ता है। कवि का एक अर्थ तो 'कथन-विशिष्ट' वाला होता है, और दूसरा अर्थ होता है कल्पना को साकार करने वाला। कवि मूर्त को ही नहीं दृष्ट के अमूर्त को भी गढ़ता है। कल्पना और अमूर्त को गढ़ना हर लेखक के बस की बात नहीं। अयथार्थ को अतियथार्थ और प्रत्यक्ष में ढाल देना कवियों की विशिष्ट भाषिक क्षमता रही है। बाहर से अगर प्राचीनता कहीं दिखती भी हो तो भीतर की आधुनिकता देखकर उस प्राचीनता की परम्परा समझने में मदद मिलती है। कवियों ने ज्यादातर हमेशा खुद को ही ललकारा है और दूसरे परेशान हो उठते हैं। उस ललकार में इतनी बड़ी फटकार छिपी रहती है कि कभी-कभी उसमें असीम अन्तरंगता का स्वभाव खिलने लगता है। यह अन्तरंगता का स्वभाव ही सम्भवतः प्रेम है। प्रेम है यानी कि प्रवृत्तियों का एक महाभारत। जब प्रेम, युद्ध और ख़तरे में पड़ी हुई शान्ति वहाँ मौजूद हो तो एक खलल या हस्तक्षेप पैदा होना स्वाभाविक है। इस तरह कविता कई तरह से अपने स्वभाव को प्रकट करती है, जो कि सामान्य लेखन नहीं कर पाता। कविता इस बात के लिए भी पाठक को प्रेरित करती है कि क्या इस कथन की कुंजी तुम्हारे पास है? जब उस कुंजी को अपने पास नहीं पाता तो वह पचासों सन्दर्भों के पास जाता है। उसकी (पाठक की) कल्पना शक्ति की कुंडलिनी जाग्रत हो जाती है। इसीलिए कहते हैं कि कविता जितनी होती है उतनी ही नहीं होती और जितना कहती है उतना ही नहीं कहती। अगर आप शब्दों और भाषा की भंगिमाओं से समृद्ध हैं तो आप कविता को वहाँ तक पहुँचा सकते हैं जो प्रत्यक्षतः वह नहीं कहती हुई प्रतीत होती है। यह कविता के पाठक पर निर्भर करता है कि जो कुछ वहाँ है वह किसलिए वहाँ है और जो नहीं है वह किसलिए वहाँ नहीं है। क्या है जिसे प्रकट करने के लिए छिपाकर रखा गया है। शब्द और भाषा के आभासों से जो लुका-छिपी वहाँ होती है उसे भी अच्छा पाठक ही 'डिकोड' कर सकता है।

बोली का आना और भाषा बन जाना

उस समय की कल्पना कीजिए जब मनुष्य के कंठ में केवल आवाज़ थी और मुँह में केवल जुबान, भाषा नहीं थी। जब इनसान केवल इशारों से ही बात किया करता होगा। तब आवाज़ भी केवल संकेत भर थी, कोई शब्द नहीं थी। धीरे-धीरे व्यक्तिगत कर्म और सामाजिक अनुभवों की दैनंदिन टकराहट से हर व्यक्ति का अकेलापन भर गया होगा। ज्यों ही एक लम्बी ऊब और संघर्ष भरे बीतते दिनों की यादगार ने दिमागी स्मृति का उपयोग शुरू किया होगा, त्यों ही कर्म और अनुभव के आधार पर किसी वस्तु या किसी घटना के लिए किसी शब्द का जन्म हुआ होगा और आवाज़ भी स्वर बन गयी होगी। सबसे पहले किस भूगोल के इतिहास में किस शब्द का जन्म हुआ होगा—कहना मुश्किल है लेकिन कल्पना के आधार पर कहा जा सकता है, कि सबसे पहले 'हाँ' और 'ना' के संकेत पैदा हुए होंगे और उसी के समानान्तर 'हाँ' और 'ना' के लिए ध्वन्यात्मक शब्द भी उत्पन्न हुए होंगे। यानी कि मनुष्यों की भाषा को सबसे प्रथम जो शब्द मिले होंगे वे 'स्वीकार' और 'अस्वीकार' के अर्थ में रहे होंगे। इसीलिए आज भी मनुष्य समाज की सबसे पेचीदा समस्याएँ स्वीकार और अस्वीकार के बीच की ही हैं। आज भी हम किसी समस्या और विचार की शुरुआत से लेकर निष्कर्ष तक 'हाँ' और 'ना' को ही साधने में लगे हुए हैं। जितना कठिन 'हाँ' बोलना है उतना ही कठिन 'ना' बोलना भी है। बल्कि 'हाँ' बोलने के लिए जितनी समझ और जितना साहस चाहिए उससे कहीं ज्यादा समझ और साहस 'ना' बोलने के लिए चाहिए।

अक्सर लोगों में यह प्रवृत्ति देखी जाती है कि वे जिस बोली या भाषा में बात करते हैं, उसके लिए या उसकी कमजोरियों के लिए 'ना' नहीं बोल सकते। एक अन्धविश्वास में जीते रहते हैं, कि जो हम बोलते हैं और जो हमारी बोली-भाषा है—वही पूरी दुनिया में श्रेष्ठ है। हमने वैयक्तिक श्रेष्ठता को ही हमेशा बड़ी चीज माना है। मिश्रित होने को यानी कि मिले-जुले होने को शुद्धता के विरुद्ध माना और यही नहीं हर अशुद्ध को अपवित्र भी मानने लगे। हम आदिम काल

से शुद्धता के पक्ष में 'हाँ' कहने के और अशुद्धता के पक्ष में 'ना' कहने के आदी हो गये। मैं विनयपूर्वक यह कहना चाहता हूँ कि हर मिश्रण 'अशुद्ध' और 'अपवित्र' नहीं होता। तीन चीजें मिलावट के बिना नष्ट हो जाती हैं। एक तो बीज, दूसरी–भाषा, तीसरा–अन्तरिक्ष। बीज, भाषा और अन्तरिक्ष में अनेक सम्मिश्रण हैं। तभी वे विकसित है और परिवर्तनशील हैं और उनकी निरन्तरता भी बनी हुई है। सृष्टि के आदि से अन्तरिक्ष का कितना नव निर्माण व विस्तार हुआ और किन हिस्सों में संकुचन हुआ, यह वैज्ञानिकों के लिए आज अध्ययन का विषय बना हुआ है। ठीक इसी प्रकार हमारी खेती के बीजों का भी नस्ली संकुचन हुआ है और बहुत से बीज तो अनुकूल मिश्रण न मिलने के कारण लुप्त या नष्ट भी हो गये हैं। यही स्थिति भाषा की है। शुद्धता बीज और भाषा को पहले नष्ट करती है। संस्कृत से अधिक प्रांजल और व्याकरण सम्मत दुनिया में कोई दूसरी भाषा नहीं हैं। लेकिन उसका परिनिष्ठित व्याकरण और शुद्धता का आत्यन्तिक आग्रह उसे आम जनता की भाषा नहीं बना पाया। इसलिए यह जरूरी नहीं है कि व्याकरण और शुद्धता किसी भाषा को बचा ही ले जायेंगे। भाषा और बीज केवल स्थानीयता और शुद्धता से पूरी तरह विकसित नहीं हो सकते। और बीज के जीवाणु स्थानीयता और आत्यन्तिक शुद्धता के आग्रह से कमजोर पड़कर अशुद्ध हो सकते हैं। जैसे अपने उद्‌गम से नदी जितना जल लेकर चलती है, अगर मात्र उतना ही जल लेकर आगे बढ़ती रहे और मार्ग में मिलने वाली अन्य नदियाँ उसमें न मिलें तो वह मूल नदी अपना प्रवाह खो बैठेगी। कुछ छीजकर और कुछ भाप बनकर समाप्त हो जायेगी। ऐसी नदी और ऐसी भाषा लम्बे समय तक लम्बी यात्रा नहीं कर सकती। मिली-जुली भाषा और नदी जन से जन समुद्र तक पहुँचती है।

जहाँ तक बोली की स्थानीयता का प्रश्न है वह कई तरह की लिपियों को नहीं बल्कि कई तरह के उच्चारणों को जन्म देती है। ऐतिहासिक घटनाएँ, भौगोलिक परिस्थितियाँ और जीवन पद्धतियाँ समय-समय पर भाषा में बदलाव लाती रहती हैं। स्थानीयता के घेरे में जीने वाले समुदायों और समाजों की भाषा भी अन्य बाहरी प्रभावों से बची नहीं रह सकती है। बाहरी प्रभाव उसे अक्सर एक बड़ी दुनिया से जोड़ देते हैं और ऐसी स्थिति में स्थानीय भाषा का अन्तःकरण काफी समृद्ध, स्वच्छ और सम्प्रेषणीय हो जाता है। नये शब्द और नये मुहावरे की आमद से भाषा की संवेदना और कार्यक्षेत्र में वृद्धि की सूचना मिलती है। दुनिया की भाषाओं की जितनी लिपियाँ हैं उन्होंने भी अपने को समय-समय पर बदला है। जिन लिपियों में सरलता और वैज्ञानिक दृष्टिकोण नहीं है वे ज्यादा दिन जीवित

नहीं रह सकेंगी। ध्वनियों के अविकल उच्चारण का लेखन करने वाली लिपि ही अपनी वैज्ञानिकता के बल पर जियेगी।

हमें इस प्राचीनतम अवधारणा को नहीं भूलना चाहिए कि कोई भी भाषा पहले 'बोली' थी। बोली अर्थात् ध्वन्यात्मक संवाद। ध्वनि जब लिपि में बदली तब वह 'भाषा' बनी। शुरू में लिपि, ध्वनि के लिए भले ही एक चित्रात्मक संकेत रही हो लेकिन सुधरते-सुधरते वह 'अक्षर व्यवस्था' अथवा 'वर्ण व्यवस्था' का रूप ले चुकी है। वर्ण का एक अर्थ है 'रंग' और दूसरा अर्थ है 'अक्षर'। अक्षरों को पहले तरह-तरह के प्राकृतिक रंग देने वाले पत्थरों से लिखा जाता रहा होगा, इसलिए अक्षरों का पहला नाम 'वर्ण' पड़ा होगा। समाज में, जाति के अर्थ में व्याप्त अभिशप्त 'वर्ण व्यवस्था' का मैं पक्षधर नहीं हूँ लेकिन भाषा के अन्तर्गत जो सुन्दर और वैज्ञानिक 'वर्ण व्यवस्था' है उसके प्रति मेरी अपार निष्ठा है। यह भी बताना ठीक-ठाक होगा कि ध्वनि का गुण आकाश होने के कारण, उसे अमर मानने की एक वैचारिक अवधारणा रही है। इसीलिए उसके लिखित रूप को संस्कृत में 'अक्षर' कहा गया है। अर्थात् जो कभी क्षरित या नष्ट न होता हो। प्रत्येक अक्षर को भारतीय परम्परा में वाणी, ध्वनि और अर्थ का अमर आख्यान माना गया है। जिस भी समाज ने अपने बोलने को लिखे जाने के लिए एक लिपि का आविष्कार किया, उसने एक सांस्कृतिक, वैज्ञानिक प्रक्रिया व दृष्टि के अन्तर्गत ही ऐसा किया है। यह भी हो सकता है कि किसी भाषा की लिपि उसकी बढ़ती हुई शब्दावली और ध्वनियों को लिखने में असमर्थ होती जाय तो ऐसे में वे समाज अपनी बोली भाषा की ध्वनियों के तदरूप लेखन के लिए कोई दूसरी सर्वांग समर्थ और वैज्ञानिक लिपि अपना लें। लिपि को जनतान्त्रिक बनाने के लिए उसके धार्मिक आग्रह से बाहर आना पड़ेगा। हमें यह भी ध्यान रखना चाहिए कि लिपि का सम्बन्ध बोले जाने से जितना है उससे कहीं ज्यादा लिखे जाने से है।

दुनिया की अन्य बहुत सारी लिपियों के परिप्रेक्ष्य में यदि हम देवनागरी लिपि के हर एक अक्षर की बनावट और जिस ध्वनि के लिए वह चिह्न प्रयुक्त होता है—उसकी आकृति का विश्लेषण करें तो आनुवांशिक विकास की तरह अक्षरों के प्रत्येक वर्ग का वैज्ञानिक विकास चमत्कार की तरह दिखाई देता है। इतिहास में देखें तो कई भाषाई आन्दोलन कभी-कभी किसी दूसरी भाषा को थोप दिये जाने से भी पैदा होते हैं। अगर वह भाषा अपनी बोली-भाषा के स्वभाव, चिन्तन और चरित्र के नजदीक नहीं हुई तो विभाषी समाज में उसके खिलाफ प्रतिक्रिया होनी स्वाभाविक है। इसलिए लिपियों का वैज्ञानिक अध्ययन ही मुख्य आधार होना चाहिए।

यदि कुछ लोग धर्म और भाषा का विस्तार, दूसरे धर्मों और दूसरी भाषाओं पर आक्रमण करके करना चाहते हैं या धर्मान्तरण करके करना चाहते हैं तो कालान्तर में ऐसे धर्म और भाषा दोनों नहीं टिक पायेंगे। भाषा को धर्म से हमेशा अलग रखना चाहिए। धर्म के साथ भाषा के जुड़ जाने से अक्सर लोग जातीय दम्भ के वशीभूत होकर उसे विजय, गौरव, शौर्य और पराक्रम का प्रतीक बना देते हैं। आधुनिक सभ्यता की जड़ों को कुछ लोग हिंसा से बाँध देना चाहते हैं और वे धर्म को भी अपना शिकार बनाने से नहीं चूकते। निदा फाज़ली का यह कहना हमें भूलना नहीं चाहिए कि राजनीति ने हिन्दी को हिन्दू और उर्दू को मुसलमान बना दिया। इस बात का निहितार्थ और इस वाक्य की गूँज बहुत दूर तक जाती है। हमें अपनी भाषा को धर्म से नहीं जोड़ना चाहिए, गनीमत है कि वे भूगोल से जुड़ी रहे। भाषा ही एक ऐसी शक्ति है जिसका पहला धर्म है कि वह जिस व्यक्ति के द्वारा कही जा रही हो उसके मन्तव्य को ठीक से उजागर कर दूसरे तक पहुँचा सके। भाषा दरअसल बोलने और बखानने का नाम है।

मैं भारत में अंग्रेजी से ज्यादा अंग्रेजियत के विरुद्ध हूँ। फिर भी हमें अंग्रेजी से एक बात सीखनी चाहिए कि वह दुनिया में बाजार की भाषा बनकर फैली है, धर्म की भाषा बनकर नहीं। हिन्दी के साथ भी एक अच्छाई यह लगती है कि वह किसी क्षेत्र विशेष और धर्म विशेष की भाषा नहीं रह गयी है। यह अब केवल उत्तर भारत की भाषा नहीं है। मुझे बहुत खुशी होती है जब मैं बम्बइया हिन्दी, केरली हिन्दी, चेन्नई की हिन्दी, मणिपुरी हिन्दी, उड़िया हिन्दी, बंगाली हिन्दी और आन्ध्र की हिन्दी सुनता हूँ। भाषा भी सहिष्णुता का और सौन्दर्य का दर्शन कराती है। भाषा भी प्रेम और न्याय के साथ स्थानीयता का विस्तार करती है। भाषा हमें जहाँ के तहाँ नहीं रहने देती। हिन्दी हमें पूरे देश में फैला देती है। हिन्दी हमें पूरे राष्ट्र का बना देती है। हिन्दी पूरे भारत को अपना पड़ोसी बनाती है और आश्रय देती है।

हिन्दी, उत्पादनों को बाज़ार देती है। हिन्दी जनतन्त्र की भाषा है और इसके बोलने वालों की संख्या भारत से लेकर विश्व के अन्य देशों में भी फैली हुई है। हिन्दी ने भारत की लगभग 38 बोलियों और 14 बड़ी भाषाओं से अपनी शक्ति पायी है। वह घुमक्कड़ों, फक्कड़ों और साधुओं के सत्संग से सँवरी है। वह महापुरुषों की वाणी होकर नहीं जनसामान्य की भाषा बनकर फैली है। इसीलिए वह महात्मा गाँधी की भाषा बन पायी। हिन्दी, फिल्मों की भाषा इसलिए बन पायी क्योंकि वह भारतीय दर्शकों की भाषा है। उसमें भारत के सभी प्रान्तों का रंग भरा हुआ है। मराठी, 'मिंदी', गुजराती, 'गुंदी', पंजाबी 'पिंदी', तमिल 'तिंदी'

और हैदराबादी 'ठाठ' व 'लखनवी' तहजीब ने हिन्दी का पोषण किया है। उर्दू ने उसे हिन्दुस्तानी होने का गौरव दिया। इलेक्ट्रॉनिक मीडिया ने उसे 'हिंग्रेजी' बनाकर एक नयी हिन्दी प्रचलन में ला दी है। जिस तरह ईश्वर को सहस्रबाहु (हजारों भुजाओंवाला) कहा गया है उसी तरह हिन्दी भी अब पचासों भुजाओं वाली हो गयी है। हिन्दी ज्ञान और विज्ञान के साथ आगे बढ़ते हुए मनोरंजन को भी समेट रही है। इसलिए वह उपदेश की नहीं बल्कि आनन्द की भी भाषा बनती जा रही है। शान्तिपूर्ण, खुली और लोकतान्त्रिक विजय के रास्ते पर हिन्दी को आगे बढ़ना है। हिन्दी अपनी शक्ति किसी लिखित अध्यादेश से नहीं प्राप्त कर रही बल्कि हिन्दी के पक्ष में हमारी जुबान है। राष्ट्रीय ताकत को अच्छी दिशा देने में हिन्दी ही सन्तुलन बनाये रख सकती है।

स्थानीयता जितनी प्राचीन है उतनी ही आधुनिक अवधारणाओं से भी जुड़ी हुई है। क्योंकि स्थानीयता में भौगोलिकता और बोली इत्यादि का आग्रह महत्त्वपूर्ण भूमिका निभाने लगता है। भौगोलिकता और बोली कभी-कभी स्थानीयता के घेरे को और छोटा बना देती है। स्थानीयता जाति, नस्ल व कुटुम्ब के बिन्दु तक सिमट जाती है। स्थानीयता की तरंग के घेरे को अगर कोई चीज़ विस्तार की ओर ले जाती है तो वह है–भाषा। कुछ दूर तक बोली और बहुत दूर तक भाषा ही स्थानीयता के वृत्त को बड़ा बनाती चलती है। व्यक्ति अगर एक से अधिक बोलियाँ और भाषाएँ जानता है, तो उसका समाज विस्तृत होता जाता है। हो सकता है कि बहुभाषी होने के कारण अथवा विराट जनसंख्या द्वारा बोली जाने वाली भाषा जानने के कारण किसी व्यक्ति का समाज बहुराष्ट्रीय समाज हो और किसी का हिमालय से समुद्र तक।

भाषाई आन्दोलनों की जड़ में सबसे पहले स्थानीयता का तर्क होता है, उसके बाद भौगोलिकता और संस्कृति का आग्रह। भौगोलिकता अगर भाषा के आग्रह में बदल जाये तो परिणाम दूसरे होते हैं। यदि आग्रह केवल भौगोलिक और सांस्कृतिक परिस्थितियों तक सीमित रहें तो तस्वीर दूसरी होती है। उदाहरण के लिए उत्तरांचल राज्य की माँग भाषा की पृथकता पर आधारित न होकर भौगोलिक और सांस्कृतिक भिन्नता के आधार पर उठायी गयी थी। इसीलिए इस सूबे का निर्माण भाषाई आधारों वाले राज्यों की तरह राष्ट्रीय संवाद में व्यवधान पैदा नहीं करता। आधुनिक सभ्यता के राजनीतिक संकटों में भाषा का संकट भी राष्ट्रीय और अन्तरराष्ट्रीय संकट माना जाने लगा है। छोटी स्थानीयता की तरह राष्ट्रीयता भी एक बड़ी स्थानीयता का नाम है। राष्ट्र, अनेक भौगोलिक भिन्नताओं, जीवन पद्धतियों और अनेकानेक बोलियों व भाषाओं का पुंज है। राष्ट्रीय नामक स्थानीयता,

उत्पादन और व्यापार की देन है। राष्ट्रीय सत्ता और व्यापार का पुराना रूप अब राष्ट्र और बाज़ार के रूप में बदल गया है। सात समुद्र पार की स्थानीयता युक्त राष्ट्रीयता का स्वाद आज आप किसी भी राष्ट्र की स्थानीयता में ले सकते हैं। संस्कृति और राष्ट्रीयता के नाम पर आज स्थानीयता का ही विनिमय हो रहा है। स्थानीय उत्पादन जब अन्तरराष्ट्रीय बाज़ार में विनिमय का विषय हो जायें तो स्थानीयता और राष्ट्रीयता दोनों वैश्विक हो जाती हैं। स्थानीयता और राष्ट्रीयता के बाहर तक चला जाना ही पूरी वसुधा का हो जाना है। आज के व्यापारी और व्यापार व बाज़ार के लिए सबसे अच्छा सूक्ति वाक्य हो सकता है—वसुधैव कुटुम्बकम्। पृथ्वी अलग-अलग द्वीपों वाला एक कुटुम्ब है।

जब स्थानीय उत्पादन अन्तरराष्ट्रीय मनुष्य समाज के बीच विनिमय के विषय हो जायें तो फिर स्थानीयता और राष्ट्रीयता दोनों अपनी परिधि में कैद नहीं रह सकती हैं। तब स्थानीयता भी मात्र एक प्रतीक चिह्न (ब्रैण्ड) का काम करने लगती है। स्थानीयता से अगर कोई बहुत बड़ा उत्पादन जुड़ा हुआ है तो उसे भी अपना इतिहास बनाने के लिए एक बड़ा भूगोल और एक बड़ा भाषा बाज़ार चाहिए। राष्ट्रीय और अन्तरराष्ट्रीय व्यापार ने हिन्दी को बड़े बाज़ार की भाषा के रूप में पहचान लिया है। इलेक्ट्रॉनिक मीडिया हिन्दी का एक नया संस्करण तैयार करने में जुटा हुआ है। फिल्में और विज्ञापन हिन्दी के प्रसार में इसलिए जुटे हुए हैं क्योंकि हिन्दी उनके लिए 'लाभ की भाषा' है। भाषा के स्तर पर हम स्थानीयता की केंचुल से तभी बाहर आ पायेंगे जब हम अपनी राजभाषा और राष्ट्रभाषा से जुड़ेंगे। स्थानीयता की केंचुल से बाहर आते ही हमारा कायाकल्प हो चुका होगा और इक्कीसवीं सदी की हिन्दी हमारी राष्ट्रीय पहचान को और मजबूती देगी।

स्थानीयता को मैंने भाषा के स्तर पर विचार का विषय बनाया है, बहिष्कार का नहीं। क्योंकि हमारी भाषिक संवेदना का उद्‌गम पहले-पहल स्थानीयता में ही होता है। स्थानीयता के अनेक रूप रंग ही राष्ट्रीयता का निर्माण करते हैं। भारत की समस्त भाषाओं और बोलियों को अगर मिलाकर देखें तो सैकड़ों पंखुड़ियों वाले फूल का बिम्ब बनता है और वह कथन भी याद आता है कि हजारों फूलों को एक साथ खिलने दो।

राष्ट्रीय भाषाओं में से जो भाषा गंगा का रूप धारण कर सकेगी वही हमारे राष्ट्र को मुख्यधारा की कठिन यात्रा करा सकेगी। मैं वहाँ से हूँ जहाँ भारत की भाग्य सरिता गंगा का उद्‌गम है। कई बार सोचता हूँ कि पूर्व की ओर जाते हुए कहीं से अगर गंगा दक्षिण की ओर मुड़ जाती और कावेरी इत्यादि नदियों से उसका संगम हो जाता तो शायद हमारी माइथालॉजी में कुछ और भी सामूहिक

चिन्तन के बिम्ब बढ़ जाते। लेकिन यह कमी हिन्दी की गंगा ने पूरी कर दी है। यह हिन्दी की गंगा भारत के उत्तरी सामन्तों से निकलकर सारे देश को आप्लावित करती हुई दक्षिण के भू-भाग पर भी धीरे-धीरे पसरती जा रही है। हिन्दी की गंगा ने कृष्णा, कावेरी और पेरियार आदि सभी बड़ी और पवित्र नदियों से हमारा संवाद-संगम करा दिया है। गंगा तो केवल 2700 किमी. की यात्रा करती है लेकिन हिन्दी ने तो एक अरब लोगों के मन में अपना उद्गम बनाने की जगह ढूँढ़ ली है। हमारे साहित्यकारों ने परस्पर हिन्दी में अनुवाद के जो स्रोत पैदा किये हैं, उससे हिन्दी अधिक समृद्ध होती दिखाई पड़ रही है। 1998 के पुस्तक मेले में, नयी दिल्ली में, बांग्ला की प्रसिद्ध उपन्यासकार महाश्वेता देवी ने एक बातचीत में कहा था कि मेरी राष्ट्रीय ख्याति हिन्दी के कारण है। लिखती तो बांग्ला में हूँ पर हिन्दी अनुवादों ने मुझे पूरे भारत की लेखिका बना दिया है। हमें भारतीय भाषाओं के हिन्दी अनुवाद पर विशेष ध्यान देना चाहिए, तभी भाषाई साहित्य को एक बड़ा पाठक वर्ग मिल सकता है।

हिन्दी अब हमारे घर की सदस्य है मेहमान नहीं।

सन्देह और निस्सन्देह के बीच

'रात अब भी मौजूद है' यह वाक्य आज की सामाजिक-राजनीतिक स्थिति पर क्या उतना ही सटीक नहीं बैठता जितना सातवें दशक के प्रारम्भ में लगता था?

1970 से '75 के बीच जब इस संग्रह की कविताएँ तैयार कर रहा था तब उम्मीद थी कि दस साल में हमारा देश और हमारा जीवन पूरी तरह बदल जायेगा और ये कविताएँ जल्द ही अप्रासंगिक हो जायेंगी। ज्यादा से ज्यादा इनमें से कुछ कविताओं की शायद कोई ऐतिहासिक स्मृति बने। पर ऐसा कुछ नहीं हुआ। 1960 से '70 के बीच हमारी पीढ़ी के लोग सोचते थे कि क्रान्ति हो जायेगी और समानता का स्वराज्य या समानता का 'साम्राज्य' (समझ में नहीं आ रहा क्या कहूँ) स्थापित हो जायेगा, उससे कोई सबक न लेने के कारण मैं '70 से '80 के दशक में भी आशावादी बना हुआ था कि कम-से-कम बीसवीं सदी के इस दशक में ज़रूर कुछ क्रान्तिकारी और ऐतिहासिक परिवर्तन होंगे और मेरी ये कविताएँ सार्थक या निरर्थक होने का एक ऐतिहासिक मौक प्राप्त करेंगी। परिवर्तन हुए मगर कम्युनिस्ट वाम चिन्तन के अनुसार नहीं, बल्कि दक्षिणपन्थ में जो वाम थे उनके अनुसार हुए। उन्होंने जाति को जाति ही माना, 'वर्ग' नहीं। देश में जाति और सम्प्रदायों की पहचान ज्यादा हुई गरीबी की कम।

दलित उत्थान निस्सन्देह आज भी सबसे बड़ा सांस्कृतिक और सामाजिक मुद्दा है। भारत में जातीय विभेद जड़-मूल से खत्म हो जाये तो गरीबी उन्मूलन के लिए आर्थिक आधार की स्थापना ठीक से हो सकेगी। निम्न जातियों का आर्थिक-सामाजिक उच्चीकरण के नाम पर वोट दोहन ही सारी राजनीति का सार बन गया है। गरीबी साम्प्रदायिकता और जाति को कोई राजनीतिक दल मिटाना नहीं चाहता क्योंकि इनके मिटने से चुनाव जीतने के मुद्दे खत्म हो जायेंगे।

सातवें दशक में जो 'नेता' शब्द गाली में बदल गया था वही आठवें और नवें दशक में कुछ कम गाली जैसा हो उठा या बना दिया गया। इन दशकों में सारे कवि 'आम आदमी' की पहचान और उपस्थिति के लिए कविताएँ लिखते रहे लेकिन उसको न ठीक से पहचान पाये न उसे हाज़िर कर पाये। नेताओं की भाषा

में 'आम आदमी' 'जनता' हो गया। 'आम आदमी' का जनता हो जाना लगता था कि वह ताकत में बदल गया है पर वह तो और भी अमूर्तन को प्राप्त हो गया। 'वह जो आदमी इस कोठरी में रहता है सड़क पर निकलते ही उसे 'जनता' हो जाने का ख़तरा है।' नागर शब्दों के अर्थ बदल गये थे क्योंकि सारी क्रान्तिकारी चेतना का केन्द्र गाँव मान लिया गया था जहाँ की हालत यह थी कि—

जब तुम शरीर पर कपड़े, थाली में खाना
नल में पानी और बल्ब में रोशनी देखो
तब तुम मेरे सही नाम से मुझे पुकार सको
इतना खून तो तुम में होना ही चाहिए।

भला ऐसे माहौल में जहाँ अस्तित्व रक्षा ही सबसे बड़ा युद्ध सिद्ध हो रहा था, सैद्धान्तिक निष्पत्तियों की फिक्र किसे होनी थी?

पृथ्वी घूम रही है
और पृथ्वी पर बाज़ घूम रहे हैं
जिस क्षण सोचता हूँ मैं अपना भय
जैसे कि जो बात मैं कह नहीं पाया
वो बात अगर मैं कह पाया तो मुझे कई बातों का भय है (1973)

1975 में मेरी जिन्दगी का वह ऐतिहासिक दिन था जब मैंने दो रात और एक दिन के समय में तीन कविताएँ लिखीं—भेद, दृश्य और अन्तर्देशीय। तीनों कविताएँ इमरजेंसी की प्रतिक्रिया में प्राप्त भाषा और मुहवारे के कारण लिखी जा सकीं। घटना और उसका दबाव भी कभी-कभी कुछ नया काम करवा ले जाता है। जब 'रात अब भी मौजूद है' संग्रह छपने जा रहा था, तब 'अन्तर्देशीय' कविता मेरी ग़लती से कहीं खो गयी लिहाजा इस संग्रह में नहीं दी जा सकी। बाद में वह 'बची हुई पृथ्वी' में संकलित करनी पड़ी। 'घबराये हुए शब्द' संग्रह में जितनी कविताएँ हैं वे भी 'आपातकाल' के आतंक और उसकी स्मृति से ही उपजी हुई हैं। एक छोटे से कालखण्ड की भयावहता मेरे तीन संग्रहों में फैली हुई है।

मैं अपनी उम्र के साठवें वर्ष के करीब पहुँच चुका हूँ। उम्र की कबड्डी में कभी हाथ पाले पर हैं कभी पाँव शिकंजे में। बहरहाल, पीछे देखता हूँ तो ऐसा लगता है कि जब लिखना शुरू किया था तब जो मेरे सामने भविष्य था, जिसे मैं नहीं जानता था वह अब जाने हुए विगत दिनों में शामिल हो गया है। इस तरह पीछे देख रहा हूँ कि जो तब आगे था वह किस प्रकार घटित होना चाहिए

था और वस्तुतः वह किस प्रकार घटित हुआ।

उस समय की मेरी कविता का मुख्य स्वर बीसवीं सदी का वह आम आदमी था जो इस यात्रा में शामिल तो था, पर इस व्यवस्था में अनुपस्थित या अशामिल था। जो व्यक्तिगत तौर पर खुद को उपेक्षित समझता था और सामाजिक तौर पर कुंठित। जो अपने को भूखा, नंगा और बीमार इसलिए समझता था कि वह सामन्ती और पूँजीवादी शक्तियों और संस्कारों को अपनी क्रान्तिकारी चेतना से उखाड़ फेंकने के लिए प्रतिबद्ध नहीं है। बीसवीं सदी का अनुपस्थित, असम्मिलित आम आदमी आज इतिहास में कहाँ है?

मुझे लगता है कि बीसवीं सदी के उत्तरार्द्ध का वह आम आदमी अब इक्कीसवीं सदी में पहुँचते-पहुँचते या तो मर गया है या उसका कायाकल्प हो गया है। मरा तो वह क्रान्तिकारी आदर्शों की दृष्टि से है क्योंकि वे सारे आदर्श किसी न किसी दरवाज़े से अनादर्श सत्ता में शामिल हो गये हैं। 'आम आदमी' का रूपान्तरण—नेता, समाजसेवी, एन.जी.ओ. कार्यकर्त्ता, कर्मचारी और पक्ष और विपक्ष जैसी संज्ञाओं में हो चुका है। 'आम आदमी' का 'प्रजा' के स्थान पर 'जनता' के रूप में अमूर्तन भी लोकतन्त्र की एक नयी शैली के रूप में उभरा है। अपने को जनता के रूप में देखने से शक्ति का नहीं असुरक्षा का एहसास इधर और बढ़ गया है।

उन दिनों मेरी कविता का 'आम आदमी' कभी किसान, कभी पुलिस, कभी देहाती, कभी शहराती, कभी मज़दूर और कभी मेट के रूप में सोचता, बोलता और भोगता हुआ दिखता था। वह ज़िन्दगी में व्यक्तिगत उड़ान की हताशा के बाद 'बलदेव खटिक' में बदल जाता था। कभी वह 'उच्चैश्रवा' से लेकर 'ईश्वर और आदमी' की बातचीत में बदल जाता था।

इस संग्रह की 'भेद' शीर्षक कविता में पुलिस जिस रूप में आयी उसी का विकास है 'बलदेव खटिक'। हिन्दी आलोचक ने कभी भी कृतिनिष्ठ तन्मयता के साथ किसी कवि की कविता ने अपना जो इतिहास रचा है उसमें जाने का कष्ट नहीं उठाया।

जो पुलिस था उस आदमी ने सपना देखा
कि वह पुलिस नहीं है
टाफियाँ माँगते-माँगते बच्चे आये
सपने के
खेल ही खेल में उसे रस्सी से बाँधने लगे

यह इमरजेंसी का पूर्वाभास था। भेद, अन्तर्देशीय, दृश्य और मुझे काम है—ये चारों

कविताएँ उल्लसित होकर डॉ. नामवर सिंह ने 'आलोचना' में यह कहकर छापी थीं कि ये कविताएँ एक मोड़ सिद्ध होंगी और बाबू रघुवीर सहाय को भी सोचना पड़ेगा। लेकिन पीछे देखता हूँ तो आगे चलकर रघुवीर सहाय ने 'रामदास' लिख कर सबको चकित, स्तब्ध कर, कविता की सारी व्याख्या और वर्णमाला पर फिर से विचार करने के लिए बाध्य कर दिया। पर रामदासोत्तर हिन्दी कविता की वह आलोचनात्मक व्याख्या कहाँ है?

इस संग्रह की 'रामलीला' कविता में मंगतू बीड़ी के पैसों के लिए राम बना हुआ है और रामायण से ज्यादा जीवन में लड़े जा रहे युद्ध के अँधेरे मैदान में शत्रु और शत्रुघ्न की पहचान उसके लिए गड्ड-मड्ड हो गयी है।

'पाटा' कविता में किसान के सम्बन्ध प्रकृति के साथ भी केवल खाद-बीज वाले रह गये हैं। उदास लोगो यह वज्रपात नहीं है तो और क्या है कि हर व्यक्ति केवल उसकी ज़रूरत के खूँटे से ही बाँध दिया गया। उसके व्यक्तित्व की सारी सम्भावनाओं को हमेशा-हमेशा के लिए सीमित या ख़त्म कर दिया गया।

बीसवीं सदी के उत्तरार्द्ध के समय में 'हाथ' जो कि मनुष्य का मुख्य औज़ार रहा है, उस पर बहुत-सी महत्त्वपूर्ण कविताएँ आयी हैं। हाथ, औज़ार के साथ मुहावरा और चुनाव चिह्न भी बनकर आया। बीसवीं सदी के उस आम आदमी को कृत्रिम अंगों वाले आदमी में बदल दिया गया जो कहता है कि 'मुझे नहीं मालूम था कि तुम्हारा आदमी होने के लिए अपाहिज होना ज़रूरी है।' (तुम्हारा हाथ और मैं)। 'जनता की ज़मीन पर' बहुत कुछ रफा-दफा होना था लेकिन वह कुछ नहीं हो पाया। इस संग्रह का मुख्य नायक है आम आदमी-1973, जो अपने निर्माणाधीन भविष्य में सिर्फ़ एक जीवित दुर्घटना बनकर रह जाता है। 'डेढ़ रुपये की ताकत' और 'एक शब्द तिनका' में इसी भूतपूर्व आम आदमी की नियति और परिवर्तनकामी इच्छाओं का आख्यान है। तिनकों के ढेर की तरह तत्कालीन हिन्दी कविता में ये आम आदमी बहुत जमा किये गये जिनको अपने लिए अलग तरह की आग की ज़रूरत थी। आग की सवारी के लिए ये सबसे ज्यादा मुफीद घोड़े थे।

आज़ाद भारत में कविता और साहित्य की शक्ति केवल आपातकाल में देखने को मिली थी। सरकार राजनीतिक विपक्ष से उतनी नहीं जितनी साहित्य से घबरायी हुई थी। इस संग्रह में सम्मिलित 'उच्चैश्रवा' कविता जब पूरी हुई तो मैंने 'बहिर्गमन' जैसी महान कहानी के लेखक और 'पहल' पत्रिका के सम्पादक ज्ञानरंजन को भेजी। बाद में जब 'पहल' का अंक आया तो सम्पादक द्वारा स्वीकृत और सराही हुई यह कविता उसमें नहीं थी। ज्ञानरंजन का वह पत्र मेरे

पास सुरक्षित है जिसमें उन्होंने लिखा कि 'इलाहाबाद के जिस प्रेस में 'पहल' का अंक छप रहा था उसमें छापा पड़ा। 'उच्चैश्रवा' के कारण प्रेस बदलना पड़ रहा है। अब 'पहल' कहीं और से छपेगी।' इस प्रकार 'उच्चैश्रवा' कविता ने 'पहल' को भी खतरे में डाला और ज्ञानरंजन बाल-बाल बचे।

'हत्या' कविता यों तो धूमिल के आकस्मिक निधन पर केन्द्रित है लेकिन उसमें तत्कालीन स्थापित और स्थापना के लिए जूझ रहे साहित्यकार आम आदमी के रूप में अपने असली नामों वाले पात्रों की तरह आते हैं। कुछ पंक्तियाँ अगर आज आश्चर्य पैदा करें और भविष्यवाणी की तरह लगें तो कोई अचरज नहीं।

अशोक वाजपेयी चले जा रहे थे
विनोद कुमार शुक्ल को निहारते
नामवर सिंह खोज रहे थे नयी सम्भावना...
जैसे कि खुद ही एक सवाल चला आ रहा हो
कुछ ऐसे चले आ रहे हैं मंगलेश डबराल
फिर भी उठाओ-उठाओ इस आवाज़ को
वरना यह चीख बनकर रहे जायेगी
उठाओ, जीभ इसे शब्दों में बदलने को तैयार है...

इस स्थल को पढ़ने पर नामवर जी ने कहा था कि 'मारेसि मोहिं कुठाँव'।

कुल मिलाकर इस संग्रह में उस तत्कालीन आम आदमी की कविताएँ हैं जिसकी 'मुक्तियात्रा' में राजधानी से अपना गाँव छुड़ाकर लाना शामिल है। पर क्या वह इसे छुड़ा पाया? जिस ड्राइवर से वह राजधानी चलने के लिए कह रहा है, मुझे तो लगता है उसी ड्राइवर ने इस आम आदमी का अपहरण कर लिया था, इस शर्त के साथ कि इसका राजधानी में जो भी फँसा हुआ गाँव है वह पूरा-पूरा मुझे दे दो नहीं तो इस आम आदमी की हत्या निश्चित है। 'उसे बता यह दिया गया था उसकी हत्या होगी'—(र.स.)।

सातवें दशक (1960) से अब तक के 42 वर्षों में (जिनमें दो वर्ष इक्कीसवीं सदी के भी शामिल हैं) भारतीय समाज में निरन्तर मानवीय मूल्यों की जो पराजय देखने को मिली है, उससे डर लगना स्वाभाविक है। अच्छाई और भलमनसाहत कितना कम एक मनुष्य के जीवन को बदल पाती है या बचा पाती है, इसके उदाहरण कहीं ढूँढ़े से मिल जायें तो ग़नीमत है लेकिन बुराई कितनी जल्दी व्यक्ति

और समाज को अपनी गिरफ़्त में ले लेती ह—इस ढूँढ़ने इस समाज और देश के बाहर नहीं जाना पड़ेगा।

बार-बार उभरता है एक डर
—परिवार को छोड़ेंगे घर के भरोसे
लेकिन किसके भरोसे पर छोड़ेंगे घर—(भरोसे की कविता)

इस प्रकार की सारी उलटबाँसियों के बीच इस संग्रह की कविताओं में रचा गया भरोसा बार-बार टूटता हुआ दिखता है। टूटने की इस आधी सदी में सब तरह के यथार्थ एक साथ मौजूद हैं। 'एक ताकी थी। मगर नजर नहीं आती। बात कुछ एकता की थी' यथार्थ की अनेकता में अत्यचार और भ्रष्टाचार के बीच जो साम्प्रदायिक एकता देखने को मिलती है, उससे संवेदना, सहानुभूति और सहिष्णुता को सर्वाधिक नुकसान पहुँचा है। राजनीति ने सफलता की सत्ता और सत्ता की सफलता का जो गठजोड़ रचा है, उससे बुनियादी काम करने वाले, ईमानदार असफल साहसियों को कभी पहचाने जाने का वातावरण बन पायेगा—इसमें घोर सन्देह है। परन्तु इस संग्रह में 'एक शब्द तिनका' तो कुछ यों कहता है—'लेकिन इस अग्निकांड के बाद जो भी उगेंगे, वे कहीं से भी मरियल और उदास नहीं होंगे।'

अपने प्रथम प्रकाशन 1975 से 1985 तक इन्द्रप्रस्थ प्रकाशन द्वारा इस संग्रह के पाँच संस्करण छप चुके हैं। यह छठी आवृत्ति है जिसे वाणी प्रकाशन पहली बार 17 वर्ष बाद प्रकाशित कर रहा है। आशा है कविता के पाठकों के लिए इस संग्रह की लम्बे समय के बाद उपस्थिति पुनर्मूल्यांकन में सहायक होगी। 'रात अब भी मौजूद है' ने अपने समय में मेरी कविता को एक नया मुहावरा दिया था, अब नयी सदी के नये वक़्त में इसकी उपस्थिति और प्रासंगिकता को पर्याप्त अन्तराल के बाद जाँचा-परखा जा सकता है। एक कविता संग्रह अपने समय में और अपने समय से बाहर आकर क्या काम करता दिखता है—यह भी विचारणीय होना चाहिए। कविता मर रही या बदल रही है या समाज मर रहा अथवा बदल रहा है? भले ही अज्ञान, अन्याय, अत्याचार, असमानता, साम्प्रदायिक उन्माद की रात अब भी मौजूद है फिर भी किसी कविता की उम्र या उसके प्रभाव की जाँच यथास्थिति के बने रहने अथवा बदल जाने की दशाओं में भी पर्याप्त समाजवैज्ञानिक और मनोवैज्ञानिक तरीकों से सन्देह और निस्सन्देह के बीच की जानी चाहिए।

संस्कृति के अर्थ और अनर्थ

मनुष्य का प्रादुर्भाव सबसे पहले जिस रूप में भी हुआ हो लेकिन कालान्तर में जब उसका विकास सामाजिक मनुष्य के रूप में हुआ होगा, उस समय तक वह प्रकृति और जीवन के थपेड़ों से इतने सारे अनुभव प्राप्त कर चुका था कि जीवन को पोषित करने वाली वृत्तियों और शक्तियों को संगृहीत करने की प्रबल इच्छा उसमें पैदा हो चुकी थी। तभी से अपनी स्मृति के माध्यम से मनुष्य अपने भविष्य के प्रति चिन्तित और जागरूक है। वह अपने भविष्य को जब व्यतीत में जाते हुए देखता है तब भी वह अपने भविष्य को पहचान नहीं पाता बल्कि अपने किसी मनोनुकूल भविष्य की प्रतीक्षा में वर्तमान को बिताने के इरादे से जीवनयापन का संघर्ष करता रहता है।

मनुष्य की स्मृति उसमें व्यावहारिक जीवन को हमेशा ही संकटों से उबारने का प्रयास करती है। उबारने की मात्रा इस बात पर निर्भर करती है कि पहले से प्राप्त अनुभव का व्यवहारकर्ता ने इस बार कितना और किस तरीके से इस्तेमाल किया है। जीवन की इसी सुधारवादी प्रवृत्ति और दक्षताओं को सँजोने की शक्ति का नाम ही सांस्कृतिक स्मृति है।

संस्कृति में सम्पूर्ण जीवन पद्धति का समावेश होना चाहिए। लेकिन व्यावहारिक अर्थ में ऐसा पूरी तौर पर नहीं हो पाता है क्योंकि लोकाचार और लोकधर्मिता के कई अस्वीकार्य रूप संस्कृति को छोड़ने पड़ते हैं। सुचिन्तित चयन के बाद जो लोकाचार, जो लोकधर्म, जो लोकव्यवस्था और जो लोकदृष्टि अपने क्षेत्र में सबका हित पोषित कर सके वही पद्धति अपने परिमार्जित स्वरूप में संस्कृति का हिस्सा बन पाती है। संस्कृति शब्द सामान्यतः लोकधर्मिता और लोकप्रियता के विरुद्ध जाता है जैसा कि स्वयं संस्कृति शब्द से ध्वनित होता है कि वह परिनिष्ठित और परिमार्जित के पक्ष में ज्यादा दिखता है। जो लोग मात्र रीति-रिवाजों को संस्कृति समझते हैं मेरी समझ से वे थोड़ी भूल कर रहे होते हैं। क्योंकि संस्कृति लोकाचार को अत्यन्त शास्त्रीय शुद्धता प्रदान करने के बाद ही स्वीकार करने योग्य समझती है। इसलिए हर साधारण रीति-रिवाज, टैबू और परिपाटी, परम्परा का दर्जा नहीं

प्राप्त कर पाते। परम्परा कुछ ज्यादा बड़ा और वैज्ञानिक शब्द है। परम्परा में रूढ़ि का कोई स्थान नहीं है। परम्परा में निरन्तर परिवर्तन का एक भाव भी अन्तर्निहित है। परम्परा का निहितार्थ है प्रगति और परिवर्तन/इसीलिए परम्परा का स्मण एक शाश्वत तत्त्व के रूप में किया जाता है। यहाँ पर यह भी नहीं भूला जाना चाहिए कि परिवर्तन की परम्परा ही, शाश्वत परम्परा है। अर्थात् निरन्तर परिवर्तनशीलता ही शाश्वत है। सृष्टि और इसके उपादान अपने में परिवर्तित होते जा रहे हैं और रूपान्तर की परम्परा शाश्वत भाव से गतिशील है।

आजकल संस्कृति और परम्परा अपने स्थानीयता वाले रूप और भाव का पोषण अधिक करती दिखाई देती है। वैश्विक संस्कृति का अत्याधुनिक आग्रह एक व्यावसायिक दुनिया का उपद्रव है। इस व्यावसायिक दुनिया में मनुष्य एक व्यक्ति के रूप में आकलित नहीं होता बल्कि वह एक उपभोक्ता यूनिट के रूप में शुमार किया जाता है। संस्कृति में और परम्परा का स्थानीय बोध अपने भौगोलिक और ऐतिहासिक परिप्रेक्ष्य की देन होता है। अपने स्थानीय संघर्षों व उत्सवों तथा विजयों व पराजयों से संस्कृति और परम्परा के कुछ रूप विन्यास अपना आकार ग्रहण करते हैं। स्थानीयता जैसा जुड़ाव और आत्मिकता का तथाकथित भाव वैश्विक संस्कृति में अभी नहीं आ पाया है। बावजूद इसके कि वसुधैव कुटुम्बकं का अत्यन्त प्राचीन मुहावरा हमारी इसी धरती और उसकी स्थानीयता में ही उत्पन्न हुआ है।

कुछ लोगों ने संस्कृति को नाच-गाने तक ही सीमित कर दिया। जबकि संस्कृति जीवन की प्रत्येक परिमार्जित एवं स्वीकृत लोकधर्मी पद्धति का वहन करती है। इसलिए आज अगर किसी शब्द के प्रयोग में सर्वाधिक सावधानी बरतने की ज़रूरत है तो वह शब्द है संस्कृति। साथ ही यह कहना भी अनुचित न होगा कि स्थानीयता, क्षेत्रीयता व जातीयता तथा धार्मिक आग्रहों के जितने भी सीमित आशय हो सकते हैं, उनके अर्थ में भी कुछ लोग संस्कृति शब्द का इस्तेमाल करने में भी हिचकते नहीं हैं। आज ज़रूरत है अपनी संस्कृति को ठीक से समझने और न सही विश्व के धरातल पर कम से कम वृहद् राष्ट्रीय परिप्रेक्ष्य में तो प्रगतिशील दृष्टिकोण के साथ देखने-समझने और सँवारने की ज़रूरत है।

संस्कृति लोक से तो प्रभावित होती है लेकिन हो सकता है कतिपय लोकाचारों के वह विरुद्ध चली जाय। हर लोकाचार जीवन पद्धति का हिस्सा होते हुए भी संस्कृति की श्रेणी नहीं पा सकता। संस्कृति किसी लोकाचार को सर्वग्राह्य, सर्वहितकारी और सर्वस्वीकार्य बनाती है। सांस्कृतिक प्रक्रिया छन्नी लगाकर उसे श्रेष्ठता की ओर ले जाती है। अन्यथा अधिकांश लोकाचार, रीति-रिवाज बनकर रह जाते हैं। संस्कृति का अंग बना लोकाचार इतर संस्कृति वाले को भी ग्राह्यता के स्तर तक प्रभावित करता है। वह उसे सभ्यता की तरह अपनाने में संकोच नहीं करता।

जब संस्कृति को जीवन पद्धति के अर्थ में ग्रहण कर लिया जाता है तब प्रश्न भीतर और बाहर के क्षेत्र में बँट जाते हैं। आन्तरिक जीवन पद्धति और बाह्य जीवन पद्धति। इसके अलावा एक क्षेत्रीय जीवन पद्धतिं भी होती है। इस तरह जीवन पद्धति वाली संस्कृति कई प्रकोष्ठों में जाकर सिकुड़ती चली जाती है। लेकिन यदि वैश्विक संस्कृति यानी कि जीवन पद्धति की रूप-रेखा पर बातचीत की जाय तो कई प्रकोष्ठों और दायरों से बाहर आना पड़ेगा। दृष्टिकोण बदलने पड़ेंगे। फिर भी एक चीज़ जो हर स्थिति में समान बनी रहेगी वह मनुष्य से मनुष्य का सम्बन्ध। यह सम्बन्ध सारी दुनिया में एक नयी मनुष्य संस्कृति को जन्म देता है। यह सम्बन्ध हमें धर्म और क्षेत्र से बाहर निकाल लाता है। हम अपनी और दूसरों की अच्छाइयों की तुलना करके कुछ अच्छी बातें चुन लेते हैं। यह चयन की सर्वसम्मत संस्कृति न केवल हमारा परिष्कार करती है बल्कि हमारे दिलो-दिमाग की दुनिया को बड़ा बना देती है। एक दिन हमें आना पड़ेगा मनुष्य संस्कृति की शरण में। इसे थोड़ा और विस्तार से मैं कहना चाहता हूँ।

यह भी नहीं भूलना चाहिए कि संस्कृति से ही संस्कार बना है। सरल भाषा में संस्कार का अर्थ है आदत। आदत को भी सुधारा और बिगाड़ा जाता है। आदत सुधरी तो कहा जाता है कि संस्कार अच्छा है, बिगड़ी तो संस्कार को बुरा कहा जाता है। दरअसल संस्कार समझ और मानसिकता का निर्माण करता है। संस्कार स्वयं को माँजने का नाम है। माँजना ही परिमार्जन है। व्यक्ति भी पात्र है। पात्र माने केवल बर्तन नहीं होता। व्यक्ति के रूप में मनुष्य एक ऐसा पात्र है जिसमें गुण-अवगुण भर जाते हैं। व्यक्ति अगर पात्र है तो वह धूलि-धूसरित और गन्दा हो सकता है। इसलिए व्यक्ति को पात्र की तरह खुद को माँजना चाहिए। इस परिमार्जन से उसकी मूल बनावट यानी कि मूल धातु चमक उठेगी। व्यक्ति चूँकि एक पात्र है तो उसमें अवकाश अर्थात् रिक्तता और पूरकता का गुण मौजूद है। अपने अन्दर से वैचारिक भाव, लत आदि से खाली करो और उसमें कुछ उपयोगी, मूल्यवान विचार, आदत और कुछ रचनात्मक कर गुजरने का इरादा भर दो। पात्र में इतना स्पेस (अवकाश) उसकी संरचना के समय से मौजूद है और वह विकसित भी होता रहता है। अच्छे स्वभाव का विकास मानसिक संस्कृति का विकास है। अच्छा स्वभाव मानवीय मूल्यों का पक्षधर होता है और वह स्थिर न होकर खुद को परिष्कृत करता रहता है। यह परिष्कार ही परिवर्तन का संवाहक बनता है। संस्कृति भी जीवन पद्धति के रूप में हमेशा से परिवर्तनशील रही है। संस्कृति रुकी हुई, थकी हुई और चुकी हुई चीज़ नहीं है। व्यक्ति अपने को जब एक संस्कारित (सुधरी हुई) कृति के रूप में प्रस्तुत करता है तब वह संस्कृति पुरुष या स्त्री कहलाता है। परिमार्जित और परफेक्ट होना ही सांस्कृतिक व्यक्ति की पहचान है।

समय : महाकाव्य के बिना

एक समय था, जब महाकाव्य की रचना तक पहुँचना कवियों का चरम लक्ष्य होता था। महाकाव्य में कोई एक मुख्य समय होता था; उसकी मुख्य घटनाएँ होती थीं और पचासों-सैकड़ों प्रमुख पात्र होते थे। लेकिन जब महाकाव्य की परिभाषा बनी तब तक महाकाव्यों का रूप काफ़ी बदल चुका था। वे काफ़ी कुछ नायक और नायिका प्रधान हो चुके थे। उन नायकों और नायिकाओं के गोत्र, स्वभाव और बनावट भी सुनिश्चित कर लिए गये। कसौटी बना दी गयी, कविगण सोना बनाने में जुट गये। हिन्दी में संस्कृत महाकाव्यों की परिभाषाएँ लगभग ज्यों की त्यों उतार ली गयीं, हालाँकि उस कसौटी पर हिन्दी के अधिकतर महाकाव्य खरे नहीं उतरते। कहा जा सकता है कि हिन्दी में महाकवि तो हुए, महाकाव्य नहीं हो सके। परिभाषाओं और सिद्धान्तों में कुछ छूट के नतीजे में 'खण्डकाव्य' नाम की एक नयी संज्ञा प्रकाश में आ गयी। आधे-अधूरे महाकाव्यों और भरे-पूरे खण्डकाव्यों से हमारी कविता का एक पूरा ही युग बना है। वे दिन कितने अच्छे थे जब कवि महाकाव्य लिखते थे और अध्यापक महाकाव्य पढ़ाते थे और लोग भी उन्हें महाकाव्य समझकर पढ़ते थे। इस प्रकार कवि चाहे कुछ भी लिखे, महाकाव्य ही कवि की कसौटी थी। आज का कवि उन भाग्यशाली कवियों में नहीं है जो 'खण्डकाव्य' लिखकर महाकवि कहला सके।

शुरू में यह अच्छा लगा कि हिन्दी के पास संस्कृत साहित्य की समृद्ध परम्परा है। लेकिन आगे जाकर यह स्पष्ट होता चला गया कि संस्कृत की कसौटियाँ और उसका सौन्दर्यबोध, समय और देश को देखते हुए हिन्दी कविता के बहुत काम नहीं आ सकते। संस्कृत में काव्य का सर्वोत्तम रूप 'महाकाव्य' है, जबकि हिन्दी में ऐसा भी समय रहा है कि एक कवित्त, एक दोहा, एक मुक्तक या एक गीत ही सम्पूर्ण काव्यात्मक आह्लाद देने के लिए पर्याप्त था। 'रासो काव्य परम्परा' ज़रूर भिन्न प्रकार की रही। उनमें जीवन के अनेक उतार-चढ़ाव के साथ एक कथा भी होती थी। शुरू से ही हिन्दी कविता की दो धाराएँ रही हैं—आराधना की और यथार्थ की। आराधना की धारा लम्बी-चौड़ी और सर्वविदित है। पर

'गाहा सत्तसई' और अब्दुल रहमान का 'सन्देश रासक' और नरोत्तमदास का 'सुदामा चरित' यथार्थवादी लम्बी कविताओं के प्रारम्भिक मॉडल के रूप में दिखते हैं। अपने समय की पीड़ा, विषमता और भाषा सबसे ज्यादा 'सुदामा चरित' में दिखाई देती है। तुलसीदास के समय में अथवा उनके समय से थोड़ा पहले नरोत्तमदास ने तुलसी के मुक़ाबले कहीं ज्यादा जन-जीवन की भाषा का प्रयोग किया है। 'सुदामा चरित' हिन्दी कविता की एक दूसरी परम्परा है। दैन्य, भूख, स्वाभिमान और आत्मविवेचन की ऐसी गाथा उस समय की रचनाओं में देखने को नहीं मिलती। अगर आज की भाषा में कहें तो नरोत्तमदास को सही अर्थों में उस समय का प्रगतिशील जनवादी कवि कहा जा सकता है। यह बात मैं सीमित राजनीतिक अर्थ में नहीं कह रहा हूँ। छान-छप्पर में रहने वाला, भिक्षावृत्ति, टूटा तवा और फूटी कठौती ही जिस मामूली आदमी की सम्पत्ति है, ऐसे ग़रीब ब्राह्मण सुदामा की ग़रीबी का सोलहवीं सदी (लगभग सन् 1525) में जितना दिल दहलाने वाला वर्णन नरोत्तमदास ने किया है उतना सटीक दारिद्र्य वर्णन आगे के कवियों में नहीं मिलता। सोलहवीं सदी यदि आज की सदी होती तो इस एक कविता से ग़रीब ब्राह्मणों के लिए भी 'आरक्षण' का सामाजिक आधार बन जाता। समय, समाज और व्यक्ति की स्थिति एक 'फ़ेंटेसी' के रूप में 'सुदामा चरित' में प्रकट हुई है। इस कविता के केन्द्र में कृष्ण की महिमा नहीं बल्कि ग़रीबी के 'कंटक जाल' से बिंधे हुए सुदामा का चरित्र है। सुदामा ने कहीं भी अपनी ग़रीबी के लिए किसी को न ज़िम्मेदार ठहराया है और न अपनी दरिद्रता पर तरस खाया। मामूली सुदामा का और अपने समय के सबसे महान व्यक्ति कृष्ण का स्कूली जीवन एक ही पाठशाला में बीता था। यह इस कथा की विचित्र विडम्बना है। संयोगवश इस कविता में संस्कृत काव्यों में वर्णित 'शाप' की अवधारणा भी मौजूद है। फिर भी यह कृष्ण महिमा की अपेक्षा ग़रीबी के आतंक की कविता है। यह कविता संकेत करती है कि ब्राह्मण के दैन्य की जड़ें भी वर्ण व्यवस्था में ही हैं।

व्यक्ति और समय, व्यक्ति और समाज किस तरह होते और रहते हैं—इसी से सारी सामाजिकता का और रचनात्मकता का जन्म होता है। इनके सम्बन्ध आधुनिक काल में अधिक जटिल हुए हैं। अपनी सामान्यता में हर व्यक्ति अब एक 'व्यक्ति विशेष' है। पहले जो 'व्यक्ति विशेष' होता था वह 'असामान्य' होता था। उस 'असामान्य' की असाधारणता को कविता अपना विषय बनाती थी। अब कविता सामान्य और साधारण से भी परे 'मामूली' को अपना विषय बनाती है। पहले की और आज की कविता में यह लगभग एक ध्रुवीय अन्तर है। अब कविता में नायक नहीं होते, व्यक्ति होते हैं। कोई स्थापित या लोकप्रिय

'कथा' नहीं होती। अनुभव और अनुभूति का आवेग ही अपने कथानक को रचता चलता है। घटनाएँ और स्थितियाँ ही बिम्ब बन जाती हैं। मनुष्य का व्यक्तिगत और सामाजिक जीवन कई स्तरों पर विघटित व विकसित होता है। उसकी सघन और गहरी प्रस्तुति लम्बे फ़ार्म में ही सम्भव है।

हम भले ही यह मान लें कि भारतीय जन का सांस्कृतिक मन अपनी वैचारिक उदात्तता और अनुभूति की गहनता के लिए महाकाव्यों का क़ायल रहा है। अत्यन्त प्राचीन काल से यहाँ जीवन को पूरी विराटता में देखने की परम्परा रही है। जहाँ यथार्थ के भँवर में भी आदर्श एक मूल्य रहा है। महानायकों की महागाथाओं का हमारे दैनिक जीवन तक में सीधा प्रवेश और हस्तक्षेप रहा। काल की दूरी और विषय की निकटता को जितना भारतीय मिथकों ने समेटा है उतनी विविधता के साथ दुनिया की दूसरी परम्पराओं ने नहीं। पर युद्धों और शीतयुद्धों से घिरी बीसवीं सदी के समय को महाकाव्यों जैसा 'ग्लोरीफ़ाई' नहीं किया जा सकता। छायावादी काल में भी निराला ने ही सर्वाधिक लम्बी कविताएँ लिखकर प्रकारान्तर से यह सिद्ध कर दिया था कि यह महाकाव्य का समय नहीं है। फिर भी तात्विक रूप में अनुभव की महाकाव्यात्मकता का लम्बी कविताओं में संघटित होना एक नये रिश्ते की पहचान है।

बीसवीं सदी के अपने समय और समाज के रिश्तों की पहचान के लिए हिन्दी की लम्बी कविता भी कई मोड़ों से होते हुए आज इस सदी के अन्तिम मोड़ पर एक नया मोड़ लेने को है। नरोत्तमदास के 'सुदामा चरित' (लगभग सन् 1525) से लेकर प्रलय की छाया, सरोज़ स्मृति, समय देवता, असाध्य वीणा, आत्मजयी, अँधेरे में, आत्महत्या के विरुद्ध, पटकथा, नगई महरा, कुआनो नदी, निर्वृत्ति परिस्थिति और प्रस्तावना, खण्ड-खण्ड पाखण्ड पर्व, ब्रूनों की बेटियाँ, लुकमान अली, टेबुल, सिर पर मैला ढोने की अमानवीय प्रथा और बाघ जैसी अन्य महत्त्वपूर्ण लम्बी कविताओं तक यह कई प्रकार के प्रयोगों और परिवर्तनों से गुज़री है। ये परिवर्तन समाज और समय की मिली-जुली देन हैं। भारतीय सन्दर्भ में समाज की देन इस अर्थ में कि उसका ढाँचा कई बार की तरह एक बार आज़ादी के समय फिर टूटा और तब से हर चुनाव पर सामाजिक ढाँचा कुछ-न-कुछ टूटता ही जा रहा है। आज़ादी के बाद टूटने के जितने वर्ष हैं, वे परिवार पर, व्यक्ति पर, सम्बन्धों पर तरह-तरह के प्रभाव छोड़ते गये हैं।

यों तो 'कविता' ही अपने-आप में (काव्य की तरह) एक व्यापक शब्द है, 'छोटी' और 'लम्बी' तो विशेषण भर हैं, लेकिन इधर 'छोटी कविता' और 'लम्बी कविता' दो अलग-अलग संज्ञाएँ भी तेज़ी से उभरी हैं। इन दोनों का अपनी शक्ति

और सामर्थ्य के साथ होना और घटित होते रहना एक सच्चाई भी है। अच्छी छोटी कविता भी अपने आशय में बड़ी हो सकती है और ख़राब लम्बी कविता लम्बी होकर भी अपने आशय में छोटी हो सकती है। अनुभव और विचार लम्बी कविता का मूल आधार या कथ्य कहे जा सकते हैं लेकिन वहाँ भी कविता का होना उतना ही ज़रूरी है जितनी सघनता के साथ वह अनुभव या विचार एक छोटी कविता में भी होना अनिवार्य है। छोटी कविताओं में 'इसेंस' (सारबिन्दु) से काम चल जाता है लेकिन लम्बी कविता अनुभव को पुनरुत्पादित करती है और उसे तार्किक रूपान्त तक पहुँचाती है। लम्बी कविता, कहानी, उपन्यास और नाटक के सार-तत्त्व से बनती है। आज की कविता का यह दुर्भाग्य और सौभाग्य जो भी है—कि उसका अलग से कोई शास्त्र नहीं बन पाया बल्कि वह भी समाज के भीतर अपनी दूसरी बहुत सारी गतिविधियों की तरह घटित, संघटित और विघटित हो रही है। धीरे-धीरे 'नयी कविता' के बाद से यह अनुभव किया जा रहा है कि हमारा समय छोटी कविताओं का समय होता जा रहा है। यानी कि यह समय महाकाव्य की घोर असम्भावना का समय है।

जीवन को, भक्तिकाल से भी अधिक 'क्षणभंगुर' समझते हुए, अपनी 'लघुता' को पूरी बृहत्तर महत्ता के साथ, पूरी तीव्रता से आत्मसात् करने की ललक 'नयी कविता' के आन्दोलित दिनों में छोटी कविताओं के रूप में प्रज्वलित हुई। महाकाल को 'एक क्षण' में जीने की चुनौती के सामने 'महाकाव्य' का प्रश्न तिरोहित हो गया। क्षणजीवी अनुभूतियों के जुगनू चमकने लगे। ऐसा लगा कि 'क्षण' भर रुककर इतना ऐन्द्रिक स्वाद किसी अनुभूति का पहले नहीं लिया गया। एक-एक अनुभव का अलग-अलग आलोक। अलग-अलग 'क्लोज़अप'। क्षण का भी अनन्त विस्तार 'नयी कविता' के दौर में लिखी गयी कुछ महत्त्वपूर्ण छोटी कविताओं में महसूस होता है। छोटी कविता और लम्बी कविता आकृतिबोधक शब्द हैं, परिणामबोधक नहीं। 'लघुमानव' से लेकर 'लघुपत्रिका' तक 'लघुता' का इतना ज़ोर रहा कि अनुभूति क्षण पर टिक गयी और अनुभव मात्र शब्द पर रुक गया। समता और सामाजिक न्याय के आन्दोलनों की निरन्तर विफलता के बाद साठ के बाद भी 'आत्मभर्त्सना' और 'आत्मघात' की प्रवृत्तियों से छुटकारा पाते हुए, जीवन जीने की ललक के समानान्तर, धीरे-धीरे लम्बी कविताओं का दौर शुरू हुआ, जिनमें कथित दोनों तत्त्वों से उबरने का संघर्ष दिखता है। शुरू में नायकों का स्थान नकारवादी प्रतिनायकों ने लिया। धीरे-धीरे इन प्रतिनायकों में सकारात्मक परिवर्तन हुए और उनका स्थान साधारण लोगों ने ले लिया। इस तरह लम्बी कविताएँ अधिक संघर्षधर्मी, जनोन्मुखी और घटनाप्रधान होती गयीं।

'लम्बी कविताओं' को 'खण्डकाव्य' या 'महाकाव्य' के विकल्प के रूप में रखना नहीं है, बल्कि आग्रह यह है कि बहुत-सी ऐसी लम्बी कविताएँ हैं जो हमारे समय और मनुष्य समाज की नियति को यथार्थ के धरातल पर जीवन्त घटनाओं से भरी लम्बी गाथा में बदल देती हैं। वे लम्बी कविताएँ अलग-अलग होते हुए भी एक कालखण्ड के सम्पूर्ण विघटन और बदलते हुए परिदृश्य को समेटती हैं।

साठ के बाद आज तक जो लम्बी कविताएँ लिखी गयी हैं उनका यदि एक अच्छा चयन और विश्लेषण किया जाये तो कला और समाज के बदलते सम्बन्धों की पड़ताल और उसके निरूपण के लिए अपने समय का एक नया समाजशास्त्र भी प्रकारान्तर से बनता चला जायेगा जो शायद आज़ादी के बाद के भारत के यथार्थ और उसके मनोविज्ञान को समझने में ऐतिहासिक दृष्टि से सहायक होगा।

मेरी इन लम्बी कविताओं का पिछले पच्चीस-तीस वर्षों के लम्बे कालखण्ड में ख़ास-ख़ास सामाजिक अवस्थाओं में जन्म हुआ है। इस प्रकार लम्बी कविताएँ अलग-अलग वर्गों से आये वयस्क समाज से एक ही जगह, एक ही समय में अक्सर होने वाली मुठभेड़ लगती है, जिनके बीच अपने होने के आपद्धर्म की पीड़ा, जीवित रहने की आवश्यकता व कारणों की तलाश के सवाल-जवाब चल रहे हैं। जो कारण उपस्थित हैं और जो मूल्य अनुपस्थित हैं, उनको वे जीवन की टूटी-फूटी कथा में अपने अनुभव का हिस्सा बनाते हुए परखना चाहते हैं। ये ऐसे पारखी हैं जो ख़ुद को ख़ुद ही कसौटी पर घिस रहे हैं। वैयक्तिक होते हुए भी इन कविताओं के पात्र अपने समय और समाज के अन्तःसूत्र से बिंधे हुए हैं।

पच्चीस वर्ष में बच्चे युवा हो जाते हैं। इन कविताओं की अन्तःकथा एक-दूसरे के साथ घुल-मिल जाने के बाद बनती है। जबकि इस संग्रह की पहली कविता 'अनुस्मृति' और आख़िरी कविता 'मन्दिर लेन' में रचनाकाल की दूरी को दृष्टि में रखते हुए परस्पर काफ़ी अन्तर है। जिस प्रकार आजकल 'दशक बदल' ही 'पीढ़ी बदल' समझ लिया गया है, उस नज़रिये से देखें तो इसे मेरी कविताओं की दो पीढ़ियों का प्रतिनिधित्व भी कहा जा सकता है। इसमें 'नाटक जारी है' की किसी भी कविता को शामिल नहीं किया है। वह 1964-1970 तक की कविताओं की मेरी ऐसी पहली किताब है जिसमें सारी-की-सारी लगभग लम्बी कविताएँ ही हैं। वैसे भी उसकी कोई एक कविता अकेले उस समय का प्रतिनिधित्व कदाचित् न कर सके इसलिए 'नाटक जारी है' को अलग से ही देखना युक्तिसंगत होगा।

समकालीनता हमेशा इतिहास के बाहर घटित होती है। कविता उसे इतिहास में प्रवेश दिलाती है। एक तरह से ये हमारे समय का इतिहास बनती कविताएँ हैं। यद्यपि बाहर का समय इन कविताओं से और बाहर आ गया है फिर भी ये

कविताएँ अपने पच्चीस वर्ष के रचनाकाल के उत्थान, पतन, गहरी विडम्बनाओं और अवमूल्यन से संपृक्ति व मानवीय असंपृक्ति की दुर्धर्ष स्थितियों को एक साथ समेटे हुए आज भी भारतीय नौजवानों के संसार जैसी प्रतीत होती हैं जिसमें इतिहास बन जाने की कोई ललक नहीं है।

यह कहने में कोई संकोच नहीं कि मैं आलोचकों का बनाया हुआ कवि नहीं हूँ। लेकिन किसी अच्छी रचना के लिए अच्छी आलोचना की ज़रूरत मैं हमेशा महसूस करता हूँ। इन कविताओं ने भी अपने समय की आलोचना को कुछ प्रश्न दिये हैं। यथार्थ की कोई अलग कला हो सकती है पर कला का कोई अलग यथार्थ नहीं होता। ये दोनों बातें इन लम्बी कविताओं के शिल्प में देखी जा सकती हैं। इनमें से 'व्यक्तिगत उड़ान', 'एक शब्द तिनका', 'हत्या', 'बलदेव खटिक' और 'मन्दिर लेन', डॉ. नामवर सिंह द्वारा सम्पादित 'आलोचन' पत्रिका में प्रकाशित हुई थीं। नामवर जी ने इन कविताओं को आलोचना में स्थान दिया, यही मेरे लिए अत्यन्त महत्त्वपूर्ण है और इसे ही मैं इन कविताओं पर उनकी अकथित टिप्पणी भी मानता हूँ। बाक़ी लम्बी कविताएँ आवेग, पूर्वग्रह, समकालीन भारतीय साहित्य, नया प्रतीक और साक्षात्कार में छपी थीं। उनका और उनके तत्कालीन सम्पादकों का आभारी हूँ।

इस संकलन की पहली कविता 'अनुस्मृति' से लेकर आख़िरी कविता 'मन्दिर लेन' तक जो कथ्य बनते हैं उन्हें बताना मेरा काम नहीं, यह सुधी पाठकों का विचार क्षेत्र है। अन्त में सिर्फ़ इतना कि लम्बी कविता न तो नाटकीय मुद्राओं का संपुंजन है और न कोई ललित निबन्ध। न वह सूक्तियों से बनी हुई लम्बी कथा है और न किसी कुशल वक्ता का तर्कहारी अथवा आतंककारी वक्तव्य। लम्बी कविता बहुत कुछ के साथ अनुभव की कमाई और उसकी भरपाई का उद्वेलित संसार है। मैंने अपनी इन लम्बी कविताओं को समय और समाज के सन्दर्भ में अन्तर्विरोधी स्थितियों के सन्तुलन और द्वन्द्वों के निर्द्वन्द्व आख्यान के रूप में पैदा होते देखा और सुना है। इनमें शामिल होना, इनसे मुठभेड़ करना भी महाकाव्यों की ओर उन्मुख होना है। पिछले तीस वर्षों का जो भी सांस्कृतिक और राजनीतिक तनाव मेरी आन्तरिकता का हिस्सा बना है वह आमतौर पर मुझे, कविता को छोड़कर, अन्य माध्यमों का हिस्सा नहीं लगा। इसलिए ऐसा लग सकता है कि जो मेरी कविता का यथार्थ है वह अन्य माध्यमों का यथार्थ नहीं है। ये लम्बी कविताएँ मेरे एकान्त और सार्वजनिक जीवन के बीच के रिश्ते की देन हैं। इन्हें भी मैंने अपने एकान्त और सामाजिक अनेकान्त के बीच पाया और सृजित किया है। इन लम्बी कविताओं को मेरे साथ-साथ मेरे वर्तमान ने रचा है। मैं इन्हें भविष्य के हवाले करता हूँ।

संगीत और कविता के अन्तःसम्बन्ध

संगीत हो, साहित्य हो अथवा कोई भी विधा कभी भी एक प्रकार की नहीं होती। अक्सर मुझे संगीत दो प्रकार का लगता है। एक शब्दाधारित दूसरा नाद आधारित। नाद में शब्दों का नहीं स्वर-संवेदना का महत्त्व बढ़ जाता है। स्वरों का निनाद ही अनुभव और स्मृतियों को पैदा कर जगा देता है। वह कल्पना के रास्ते स्थितियों तक ले जाने की मनुष्यकृत चेष्टा का परिणाम है। नाद से ही निनाद और अनुनाद पैदा होते हैं। संगीत, मन को विचारहीन विश्राम की ओर ले जाता है। ध्वनियों से अपने मन की कल्पनाओं को उजागर करना पड़ता है। ध्वनियों से मनःस्थिति के अनुरूप दृश्य रचने पड़ते हैं। सुनने वाले दो व्यक्तियों की मनःस्थिति और दृश्यकल्पना एक जैसी नहीं हो सकती। भाव प्रवणता संगीत पर और उससे कहीं ज्यादा श्रोता पर निर्भर करती है। अच्छे संगीत में शब्द की महत्ता कम हो जाती है, शब्दार्थ की उपयोगिता साहित्य जितनी नहीं रह जाती। यहीं पर संगीत और शब्दार्थ प्रधान कविता का सम्बन्ध आपस में कम हो जाता है। संगीत ताल पर चलता है जबकि कविता अपने पाठ की चाल पर चलती है। संगीत शब्द विहीन हो सकता है मगर ध्वनि विहीन नहीं हो सकता। कविता शब्दों की मितव्ययिता को भी शब्द विहीन नहीं रहने देती। कविता में अल्पतम, सूक्ष्मतम शब्द होते ही होते हैं। निःशब्द कविता भी शब्दों से ही रची जाती है। संगीत निःशब्द हो सकता है पर निर्ध्वनि नहीं। सन्नाटे की भी वहाँ एक ध्वनि होती है।

कविता में शब्दाधारित अर्थनाद होता ही होता है। कविता में उच्चारण की ध्वनि के अलावा भाव-संवेदना से पैदा अर्थ ध्वनि का ज्यादा महत्त्व है। कविता की भाषा में तबला, हारमोनियम का संगीत माने नहीं रखता। ऑर्केस्ट्रा के संगीत का कविता के संगीत से कोई सम्बन्ध नहीं। शब्द संगीत का वाद्य संगीत और कंठ संगीत से सीधा सम्बन्ध नहीं है। शब्द का संगीत उसकी अर्थव्यंजना में निहित है और अपने ढंग की अनुप्रास व्यंजना भी शब्द की अभिव्यक्ति को संगीतमय बनाती है। कविता का और गाने-बजाने का बुनियादी तौर पर कोई अविच्छिन्न सम्बन्ध नहीं है। कविता का संगीत वाद्य और कंठ संगीत की अपेक्षा

बिल्कुल अलग तरह का होता है। जब कवि कहता है कि 'लोहे का स्वाद लोहार से मत पूछो, उस घोड़े से पूछो, जिसके मुँह में लगाम है।' तब कविता की इन पंक्तियों में गूढ़ार्थ का जो संगीत है उसे इन पंक्तियों के गायन से कोई लेना-देना नहीं है। उदाहरण कई दिये जा सकते हैं लेकिन दो उदाहरण और देकर मैं तुक और तुकहीनता के बावजूद कविता के शब्द संगीत की ताकत को अलग से पहचनवाना चाहता हूँ। 'तुम कहते हो, तो हम हाँ भर लेंगे, गाँवों के लिए। पर शहर अधिक सुविधा देता है, नंगे पाँवों के लिए।' यहाँ नंगे पाँव वास्तविक जूतारहित नंगे पाँवों का यथार्थ लिए हुए हैं। कवि गाँवों के सौन्दर्य, शान्ति और उसकी यादों का निषेध नहीं कर रहा है। वह शहर की पक्की सड़कों पर चलने वाले जूताविहीन पाँवों की सुरक्षा की और कंटकहीनता की बात कर रहा है। इन पंक्तियों का अर्थ संगीत और ध्वन्यार्थ गायन की मुर्कियों से कम महत्त्वपूर्ण नहीं है। बस एक उदाहरण और देकर मैं आगे की कोई बात रखना चाहूँगा। मसलन कि इस कविता पंक्ति को लें जो कि बस इतनी ही है कि—'बच्चा सोता है हिलाने से। राजा जागता है।' इसे बाकायदा गाकर सुनाया जा सकता है और शास्त्रीय संगीत की परम्परा में तो इसे काफ़ी देर गाया जा सकता है। पर क्या उस गायन से इस कविता का अर्थविस्तार हो पायेगा? जबकि यह अपना गहनतम अर्थ अपने में ही बहुत समेटे हुए है और वह पाठ से ही या सुनते ही अपनी अर्थभंगिमा के साथ कहीं अधिक प्रकट हो रहा है। इसलिए यह कहना कि कविता को ऑर्केस्ट्रा वाला संगीत या सिर्फ़ कंठ-गायन ज्यादा उम्रदार बना देगा, मुझे सही और पर्याप्त नहीं लगता। शब्द का ब्रह्म होना, शब्द का शब्द के रूप में ताकतवर बने रहना है।

संगीत की भी कई श्रेणियाँ हैं और संगीत की उन सम्प्रेषक कोटियों की हमें जानकारी होनी चाहिए। कुछ कविताओं का कलेवर ऐसा हो सकता है कि उन्हें, उनके अर्थ को बिना क्षति पहुँचाये गाकर भी सम्प्रेषित किया जा सकता है। इनमें से कोई असहमति और बुराई नहीं है। लेकिन शब्द के संगीत को, उसके ध्वन्यार्थ को, उसके उच्चारित नाद-निनाद और अनुगुंजन को केवल सरगम पर आधारित बनाकर सीमित नहीं किया जा सकता। संगीत की अपनी आवृत्तिमूलक ध्वन्यात्मकता है और कविता की अपनी शब्दार्थपरक ध्वन्यार्थकता है। यों देखा जाय तो संगीत का भी काम शब्द और ध्वनि के बिना चल नहीं सकता। इसलिए सम्भवतः शब्द को ब्रह्म कहा गया होगा। क्योंकि संवाद और सन्देश की ताकत बेसुरे शब्द में भी बहुत ज्यादा है।

मैं कहना यह चाहता हूँ कि संगीत को संगीत के प्रचलित व्यवहार और अर्थों

से अलग करके देखना, सुनना और पहचानना होगा। यह कविता की शक्ति है कि वह हर विधा का अपने लिए उपयोग करना जानती है। गीत हो, संगीत हो, नाटक हो अथवा कथा तत्त्व हो, वह प्रत्येक को अपने में समा लेती है। यहाँ तक कि मौन के संगीत को भी। गीत का अर्थ केवल गायन नहीं है बल्कि वह उद्गीत और उद्गार की भी अपेक्षा रखता है। अन्यथा 'गीता' केवल संगीत या गायन अथवा संकीर्तन इत्यादि का कोई ग्रन्थ होता। 'गीता' एक वैचारिक ग्रन्थ है। पहले सम्यक विचार प्रवर्तन के लिए गीत, उद्गीत और उद्गार आदि शब्द ही सम्भवतः प्रचलित थे। यह भी मुहावरा है कि उनके बहुत गीत सुन लिए हमने। बाद में वार्ता और विचार जैसे अभिव्यक्तिवाचक शब्द आये। 'उवाच' शब्द बोलने के लिए प्रचलित रहा। गुण-गान और संकीर्तन शब्द भी अभिव्यक्तिवाचक हैं। वाच् से वाक् बना है या यों भी कहा जा सकता है कि वाक् से वाच् बना है। वचन और वाणी केवल गायन नहीं हैं। एक अच्छे वाक्य का 'संगीत' अलग किस्म का होता है। मंजा हुआ स्वर किसी भी वाक्य को गा सकता है। कविता अपने शब्दों को सम्प्रेषित कर लेती है।

अन्त में यह कहना गलत न होगा कि ध्वनियाँ कंठ में ही नहीं शरीर और पदार्थों यानी कि वस्तुओं की क्रियाओं में भी होती हैं। हवा, आँधी और तूफान की आवाज़ें, पहाड़ खिसकने और वहाँ से पत्थरों के गिरने की आवाज़ें, धातुओं की आपसी टकराहट की आवाज़ें, पक्षियों के आपस में मिलकर फड़फड़ाने की आवाज़ें, बारिशों की आवाज़ें, झरनों और नदियों की आवाजें, आग के जलने और घास के हिलने की आवाज़ें, कई प्रकार की आवाज़ें आपस में मिलकर एक शब्द, एक संगीत, एक दृश्य तीनों बना देती हैं। प्रेम और प्रलय दोनों का संगीत हमें प्रकृति में सुनाई देता है। जानवरों के दौड़ने पर खुरों से पैदा होने वाली आवाज़ों में और मनुष्यों द्वारा बजाई जाने वाली तालियों की आवाज़ों में कितना भाईचारा लगता है। लेकिन उद्देश्य में गतिमयता और भिन्नता दोनों हैं। जिस तरह उत्कृष्टता में सभी जगह कविता की प्रतीति होती है उसी तरह आनन्द में सभी जगह संगीत सुनाई देता है। अध्यात्म भी भौतिक है। पाणिनि ने शब्दों को भी धातुज बताया है। आनन्द के भी निर्झर बताये गये हैं। आनन्द, प्रसन्नता, सुख, ग्रहण (लेना) और सम्प्रेषण ये पानी के सोते से उत्पन्न तरंगों की तरह बहते, बजते और शब्दित होते हुए अनुभूत कराये गये हैं। अपने-अपने सहयोग सहित सारी विधाएँ परस्पर अनुपूरक हैं। वे एक-दूसरे के बिना पूरी बनने के बाद भी अधूरी हैं। उनका मिश्रण ही कायाकल्प है। मिल गये तो चल गये और चल गये तो एक नदी से दूसरी नदी की तरह मिले गये। मिलना आनन्द को बाँटता है

और अनुभव को समृद्ध करता है। शब्द का हर विधा से मिलन होता है।

संगीत का मतलब भी मिलनमय हो जाना है। यही संग-संग हो जाने का गीत है। सम + गीत में जो सामाजिक बराबरी है वह एक विषम भूमि पर भी समानता और परस्पर सन्तुलन का एक नया अड्डा बनाता है। जिसमें आन्तरिक और बाह्य दोनों विस्तार समाये हुए रहते हैं। संगीत से ही संगति बनती है। हर संगति का अच्छा-बुरा कोई न कोई परिणाम ज़रूर होता है। संगति निष्फल नहीं जाती। आधि, व्याधि और उपाधि सब संगति का ही फल हैं। इन फलों को अधिकतम मधुर, ग्राह्य और संगति पूर्ण बनाने के लिए कई तरह के पारस्परिक अभ्यासों की ज़रूरत है।

अब थोड़ा कवि और कविता को भी ले लेते हैं। जिसका प्रत्येक कथन विशिष्ट हो, वह कवि है। प्रत्येक पंक्ति में कौशलपूर्ण संयोजन, कवि की अभिव्यक्ति का वह कमाल है जो सौन्दर्य के शिखर का निर्माण करता है। दुख हो, सुख हो, वीभत्सता हो, कथन विशेष के कारण जो अविस्मरणीय हो जाय वह कविता है। यानी कि लाघवता के बावजूद जो अपने कथन विशेष की तार्किकता को विश्वसनीय बना देती है—वह कविता है। केवल बड़बड़ाना और शब्दों का ढेर लगाये चले जाना कविता नहीं है। कविता एकालाप, संलाप और विलाप के बावजूद मात्र प्रलाप न हो। सारे संगीतों से उसकी संगति और संगीत दोनों भिन्न हों। उसमें प्रलय की भी एक लय हो जिसमें बहुतों का उदय बहुतों का विलय हो। अनुभव और कर्म में स्थानांतरित शब्द हर बार अपने अर्थ की व्यंजना को बदल देते हैं।

कविता में संगीत, शब्द संयोजन और बीजार्थ प्रयोजन से बजता है। तबला-पेटी के संगीत से उसका कोई मतलब नहीं है। कविता के शब्द का उच्चारण ही उसका गायन है। कविता की बात मन को लग जाय तो वही उसका असर है। बात अपने गूढ़ार्थों सहित बोलने लग जाय तो समझो कविता सार्थक हुई। कविता ही है जो भाषा और संगीत दोनों को लम्बी उम्र दे सकती है। कविता ही है जो विचारों के सूत्र उस तरह सँभाल सकती है जिस तरह बीज बनाये और सँभाले जाते हैं। विचारों की कोडिंग-डिकोडिंग कविता की बड़ी विशेषता है। शब्दों में भाषा का डी एन ए कविता ही सँभालती है। इसीलिए कविता की एक गुरु सम्मत एक निश्चित प्रविधि नहीं बनायी जा सकती है। कविता के गुण-सूत्र अपनी प्रकृति में मुक्त और स्वतन्त्र हैं। इसीलिए वह एक समय में कई कवियों को चुनती है और कुछ ही उनमें से ऐसे होते हैं जिन्हें वह बाकियों से अलग कर देती है। कविता में किसी के लिए 'ना' नहीं है पर कविता से 'हाँ' बुलवाने में पूरी जिन्दगी बीत जाती है। कविता एक कवि के लिए अपने ही किये-धरे का दण्ड है। कवि के

जीवन को ही दण्डकारण्य कहा गया है। इसीलिए मैं कहता हूँ कि संगीत का संगीत और कविता का संगीत दो अलग-अलग चीज़ें हैं। वे मिलते हैं लेकिन एक-दूसरे पर शासन नहीं करते। वे एक-दूसरे की स्वतन्त्रता को समृद्ध करते हैं। सभी विधाओं का अपना-अपना संगीत है। शब्द का संगीत ही हमें ध्वनि तक पहुँचाता है। उसी से धुन शब्द की भी उत्पत्ति हुई है। हर विधा में अपने-अपने ध्वन्यार्थ का ध्वनन करना होता है। ध्वन्यार्थ के बिना सारी कलाओं की भाषाएँ अधूरी हैं। केवल कारीगरी ही नहीं भाषाएँ भी आकृतियाँ बनाती हैं। भाषा की कारीगरी कवि कुछ ज्यादा जानते हैं पर वे विचार की बीमारी भी अच्छी तरह पहचानते हैं कि नहीं?

एक देखी हुई जानी हुई चीज़ जब रचनात्मक अभिव्यक्ति के प्रयास का हिस्सा बनती है तो वह बहुत-सा अनजानापन रचती है जो अपनी अविकलता को भी नया बनाने की कशिश में पूरी अन्तर्धारा को बदल देती है। कविता का संगीत उसके शब्द और अर्थ में सुनना आना चाहिए। यह तभी सम्भव है जब कवि का रचनात्मक उपक्रम खुद उसे सुनने के लिए जूझा हो। नोटेशन वाला संगीत कविता में बहुत काम नहीं आता लेकिन संगीत में शब्द और ध्वनियाँ; सब नोटेशन के काम आती हैं। शब्द का संगीत भाषा में ही खिलता है बाजे में उतना और उस तरह नहीं।

ग्यारहवीं दिशा में सातवीं ऋतु

जो बात बताने जा रहा हूँ, नयी तो नहीं है लेकिन काम की बहुत है। मतलब कि जो बात कभी भी काम की हो वही नयी है। लगभग सवा पाँच सौ साल पहले एक कवि ने अपने आराध्य नायक के गुण समूह को 'पुण्यारण्य' (किये गये अच्छे कार्यों का जंगल) कहकर याद किया। लेकिन उस पुण्यारण्य में अपने आराध्य के प्रिय कपि से पहले उस कवि को, कवीश्वर कहकर प्रणाम किया जो दृष्टि में स्वयं विशुद्ध विज्ञान है। इससे पता चलता है कि भक्त की अपेक्षा तुलसी अग्रज कवि के प्रति अधिक आकर्षित हैं और श्रद्धानत भी। आज के कवियों में कितने कवि हैं जो पूर्ववर्ती किसी कवि के प्रति समझदारी का ऐसा दृष्टिकोण बना पाते हों? वह दुनिया का पहला ऐसा कवि हुआ है जिसने बोले गये शब्द के श्रुति गान और स्तुतिगान के स्थान पर ध्वन्यात्मक वर्णों के लिखित, खचित और उकेरित स्वरूप की प्रार्थना की। उसने वर्णों के समुच्चय से पैदा होने वाली रस-छन्द युक्त अर्थानुभूति को मानव कल्याण की कुंजी बताया है। वर्णों के माध्यम से शब्दों के लिखित रूप की यह प्रार्थना पूरी दुनिया में अकेली और पहली है। उसी कवि ने कहा है कि—'निज कवित्त केहि लाग न नीका। सरस होय अथवा अति फीका।।' मतलब कि कवियों को अपनी हर रचना अच्छी और श्रेष्ठ लगती है। असल में कवि इस बदनामी के घेरे से बाहर आ ही नहीं सकते क्योंकि बाहर आने के लिए बड़े आत्मसाक्षात्कार और निर्मम सम्पादन का गुण भीतर पैदा करना ज़रूरी है। नये ढंग के वाक्य विन्यास में कोई शब्द ऐसे शब्द के साथ आकर बैठ जाये जिसके साथ वह कभी नहीं बैठा था जो कवि समझते हैं कि शब्दों की नयी संगति पैदा हो गयी है। शब्दों का नया समाज बन गया है। कोई नयी लय, नया कथ्य, नया शिल्प मिल जाये तो कवि खुश हो जाते हैं। यह नहीं सोचते कि नयेपन के बावजूद कविता बनी कि नहीं! हो सकता है नयी काव्यभाषा के बावजूद कविता वहाँ न हो। फिर कविता की पहचान है क्या? कवि के जीवन और समय के लेखे-जोखे के अलावा अनुभव का नया अंदाज़े बयाँ बना या नहीं? कविता की जड़ें पुरानी हो सकती हैं लेकिन उसके पल्लव

हर बार नये होंगे। शायद इसीलिए सुमित्रानन्दन पन्त और निराला में 'पल्लव' और 'नयेपत्ते' महत्त्वपूर्ण हैं। हर कवि के भीतर नये पल्लव, नये पत्तों में बदल जायें—बात तभी बनेगी। ये बातें मैंने इसलिए कही हैं कि अपनी कविताओं का चयन भी मोहग्रस्तता से मुक्त नहीं हो सकता। वजह कि कभी कमज़ोर कविता भी निजी कारणों से कवि को मन ही मन अच्छी लगती रह सकती है। चयन के लिए निष्ठुर पारखी मन चाहिए वह जो कि रचयिता के पास होना थोड़ा मुश्किल हो सकता है। चयन का कोई कारण तो होना ही चाहिए। कोई कारण जैसे कथन, भाषा या अनुभव की अद्वितीयता के साथ-साथ विश्रृंखलता और अन्तर्विरोधों के बावजूद कोई सार्थक थीम या सिलसिला वहाँ बनता दिख रहा हो, या कि पुनरावलोकन हो तो भी पुनरावृत्ति न हो। यानी आगे के समय में कवि अपने को कैसे-कैसे उगा सका।

विशेष लक्ष्य से सकारण चयन तो कोई भी कर सकता है। मैंने जो चयन किया है वह सिर्फ़ अपने उस भाषिक विकास के कारण किया जो सामाजिक घटनाओं में मेरी भागीदारी या तटस्थता के कारण घटित हुआ। फिर भी जो चुनी न जा सकी, सम्भवतः चुनी जाने योग्य तो वे थीं। 'निज कवित्त केहि लाग न नीका...!' चयन मैंने इस तरह भी किया कि किस तरह मैं अपने रचना संसार में आगे बढ़ा या पीछे हटा हूँ। खोने-पाने को जब देखता हूँ तो ठहराव के बिन्दु अगली उपलब्धि से पहले के पड़ाव की तरह दिखाई देते हैं। पड़ाव, उपलब्धि भी हो और अगले प्रस्थान का कारक भी तो गति की परिणति का पता चलता है। केवल यात्रा ही नहीं ठिकाने भी अभिव्यंजक होते हैं। निराशाजनक तस्वीरें भी आशाजनक यथार्थ पैदा कर देती हैं। पर क्या मेरी कविता में निराशा इतनी अभिव्यंजक हो पायी है? हो सकता है मेरा चयन आपको निराशाजनक कल्पनाओं से भर दे क्योंकि मेरा उद्देश्य भी यही है कि आप किसी हद तक कल्पनाओं से भर जायें। आपकी कल्पनाएँ अगर मुझे जानने को मिलें तो मैं यह अनुमान कर सकता हूँ कि अलग-अलग कल्पनाओं के द्वारा अपनी-अपनी टकसाल में यथार्थ को कैसे गढ़ा जा सकता है। आप भी यह जान जायेंगे कि कैसे मैं गढ़ पाया हूँ और कैसे नहीं। अनुभवों की फोटो प्रति और सत्य प्रतिलिपि से ऊबकर कहाँ-कहाँ उन्हें एकदम नये सिरे से बना सका हूँ कि वे अन्यों की व्यग्रता के भी आधार हो उठें।

अपने रचना संसार के जो ग्यारह कविता मोड़ मैं बना पाया हूँ उनमें से यहाँ सिर्फ़ सात मोड़ पीछे तक ही मैं देख और चुन पाया हूँ। अगर इस संग्रह को कोई नाम मुझे देना हो तो इसका नाम होगा—'ग्यारहवीं दिशा में सातवीं ऋतु'। यहाँ

'शंखमुखी शिखरों पर', 'नाटक जारी है', 'इस यात्रा में', 'रात अब भी मौजूद है', 'बची हुई पृथ्वी', 'घबराए हुए शब्द' और 'भय भी शक्ति देता है'; इन सात संग्रहों में से ये कुछ कविताएँ इसलिए चुनी हैं कि ये परस्पर भी अपने समय और परिवेश में गुँथी हुई महसूस होती हैं। 1960 से 1990 तक के 30 वर्षीय रचनाकाल में तरह-तरह का जीवन मुझे जीना पड़ा है, देश-दुनिया को बदलते देखा है, इस बीच हिन्दी ने मेरे अनुभवों के साथ जो यात्रा की है; उसकी भी एक थीम इनमें मुझे बनती दिखती है। जैसे ये खुद में अपना बीज हों जिन्हें आगे अभी और उगना है। कहाँ-कहाँ, किन-किन जगहों पर, किन-किन के बीच में रहा और परिस्थितियों से मेरा क्या संवाद रहा—यह सब भी ध्यान खींच सके तो मुझे अधिक सार्थकता महसूस होगी।

मेरे लिए यह कहा गया है कि मैंने लम्बी कविताएँ ज़्यादा लिखी हैं सम्भवतः मुक्तिबोध और राजकमल चौधरी जितनी ही। लेकिन मैंने छोटी से कुछ बड़ी और बड़ी से कुछ छोटी कविताएँ उनसे ज्यादा लिखी हैं। उन्हें ठीक से देखा-समझा नहीं गया तो इसे मैं अपनी कविताओं की ही विफलता मानता हूँ। अगर उनमें दम होगा तो वे किसी के अन्तःकरण में जगह बनायेंगी और वह बोले बिना नहीं रहेगा। मैं चाहता हूँ कि किसी दिन मेरी कविताएँ दूसरों द्वारा कुछ बोलें। लम्बी कविताओं को मैंने इस चयन में नहीं लिया है क्योंकि उन्हें 'महाकाव्य के बिना' में देना ही ठीक रहेगा। यद्यपि महाकाव्य के बिना में 'अनुस्मृति' नाम की एक लम्बी कविता पहली बार दी गयी और उसकी कहीं कोई चर्चा सम्भवतः इसलिए नहीं हो पायी क्योंकि उसे भी चयनित समझ लिया गया। हर चयनित, पूर्व विवेचित नहीं होता। हिन्दी आलोचना अभी समीक्षा स्तर पर भी ठीक से विकसित नहीं हो पायी है इसलिए किसी नयी व्याख्या की किसी से क्या उम्मीद की जाये? आलोचना के क्षेत्र में स्मृति दरिद्र्य बढ़ता जा रहा है। आलोचक उद्धरणदाता की जगह अर्थान्वेषी नहीं बन पाया।

चुनना आज़ादी है और आज़ादी का पहला लक्षण है चुनाव की स्वतन्त्रता जो कि लिखने की स्वतन्त्रता से कतई कम महत्त्वपूर्ण नहीं है। कोई अपने लिए क्या और क्यों चुनता है, इसके सामाजिक और व्यक्तिगत कारण हो सकते हैं लेकिन अपने में से अपने को चुनने के लिए ज्ञानात्मक समीक्षा दृष्टि और संयम आवश्यक है जिसका अभाव इस मौके पर भी मुझे काफ़ी परेशान किये रहा। क्या अपनी ये चुनी हुई कविताएँ ही मेरा सम्यक् अभीष्ट हैं? शायद हाँ, शायद नहीं। क्योंकि इस चयन को इस चयन में से अभी पाठकों द्वारा भी चुना जाना है। चुने हुए में से चुनना और बढ़िया विचारपरक हो सकेगा। निर्दोष चयन तो

काफ़ी कठिन काम है फिर भी चुनने के स्वार्जित अधिकार से पैदा हुई व्याख्या का अपना स्थान है। वह स्थान तभी दिख सकता है और समझ में आ सकता है जब विवेचन दोष रहित दूषण सहित हो। इन कविताओं में कितना पैनापन है, कितनी प्रखरता है यह तभी समझा जा सकेगा जब सुकोमल और सुन्दर पक्षों को उन पात्रों की घटनाओं के माध्यम से चिह्नित किया जा सके। यह अनुभव की महिमा और अनुभूति के विन्यास को खुद अपने अस्तित्व के अनुरूप कारणों से चुनवा सकेगा।

अनुभवों के डसे हुए या अनुभवों के दागे हुए विदग्ध गुणीजन जीवनानुभव की सार्थकता और निरर्थकता को इस दृष्टि से बताये बिना नहीं रहेंगे कि अभिव्यक्ति के लिए मेरी कविता ने मेरे माध्यम से जो प्राप्त किया वह कितना एक कवि की निजी परम्परा में रखे जाने योग्य है। परम्परा के विकास में आधुनिकता का और आधुनिकता के विकास में परम्परा का कितना हाथ है, यह भी इस संग्रह से कुछ अनुमेय है या नहीं?

डरावनी भविष्यवाणियों के बीच कविता

कविता जब कविता के बने-बनाये रास्ते पर जाती हुई दिखने लगे या यह अनुभूति देने लगे कि कोई नया रास्ता निकल नहीं रहा है या इतनी शब्द बहुलता के बाद भी कोई बात बन नहीं रही तो समझना चाहिए कि अब कविता में एक ठहराव आ गया है। घूम-फिर कर हर रास्ता वहीं आ रहा है जहाँ से उसने प्रस्थान किया था। ऐसे समय में यदि कविता 'लोक' की ओर लौट आती है तो कोई न कोई रास्ता निकलेगा। चाहे वह कितना ही स्थानीय क्यों न हो, उससे भी चाँद, सितारे और सूर्य दिख रहे होंगे। उस लोकधर्मी रास्ते में कुछ नये सामाजिक पशुओं और जंगलों से ऐसी मुठभेड़, ऐसी मुलाकात हो सकती है कि उसकी साहसिक और वैचारिक गूँज वैश्विक पटल पर किसी प्रेम कविता जैसी सुनाई दे सकती है।

मेरे लिए यह अविस्मरणीय अनुभव था जब 'विपाशा' के सम्पादक तुलसी रमण का वह पत्र मिला जिसके साथ भारत के अनाम हिन्दी कवि अपने गोपनीय अंकों वाला नाम लिए हुए नत्थी थे, उनकी कविताओं के साथ कि इनमें से प्रथम, द्वितीय और तृतीय के अलावा चार सान्त्वना पुरस्कारों के लिए कुल सात लोगों का चयन किया जाना है। मुझे प्रसन्नता इस बात की है कि कवियों ने प्रतियोगिता को महत्त्व न देकर, जैसा वे सोचते और लिखते हैं उसके तहत अपनी-अपनी प्रयोगधर्मिता को महत्त्व दिया है।

प्रतियोगिता का स्वभाव है कि वह चुने हुए लोगों को ही महत्त्व देती है और उन्हीं के गुण-दोषों पर तुलनात्मक विचार करती है। लेकिन मैं यहाँ बाबा नागार्जुन के शब्दों में पहले उनका स्मरण करना उचित समझता हूँ जो प्रतियोगिता की सीमाओं के कारण चुने न जा सके : 'हो न सके जो पूर्णकाम : उनको प्रणाम।'

उनके सपनों के जंगल भी वनस्पतियों से भरे हैं। वहाँ नगण्यता का स्वाभिमान भी झलकता है। लेकिन सारे संघर्षपूर्ण वक्तव्यों के बाद भी कविता कहीं-कहीं ही बन पाती है। कविता वही अच्छी बन पाती है या अच्छी लगती है जो ऐसी कोई बात कहती हो जो अब तक न कही गयी हो। अज्ञात, अकथित और अपरिचित बात ही शायद वह अंदाज़े-बयाँ है जो किसी अनुभव की भाषिक परिणति को

काबिले याद बना दे। शब्दों और पंक्तियों के अम्बार में कविता अगर कहीं है भी तो दबकर मर जाती है। आसमान विराट है, लेकिन उसमें कभी भी कहीं भी भारीपन नहीं दिखाई देता जो कि एक इमारत में दिखाई देता है। कविता के स्पेस को बिल्डिंग की तरह भारी नहीं, बल्कि आसमान की तरह अपनी विराटता के साथ-साथ हल्का और जीवन को एक नयी साँस देने वाला पारदर्शी तत्त्व उसमें होना चाहिए। न जाने हुए की अभिव्यक्ति को जानने और खोजने की कोशिश ही शायद कविता है। उसी से जाने हुए और खोजे जा चुके से युक्त और मुक्त होने ही शक्ति भी मिलेगी। सचमुच कवि होना उतना ही कठिन है जितना एक अच्छी कविता का होना। एक अच्छी कविता ही सूचना देती है कि एक अच्छे कवि का जन्म हो चुका है। जीवन भर अच्छा कवि बने रहना, बिना खराब हुए सम्भव नहीं है। खराबियों के बावजूद कोई फिर अच्छा हो जाये तो उत्कृष्टता में भी सुधार की सम्भावना बनती है कि यह तो फिर चल निकला।

कवि को खराब करते हैं प्रायोजित आलोचक और समीक्षक। कवि ही क्यों वे हर रचनाकार को बर्बाद कर देते हैं। लेकिन कवि जब खुद की खराबियों की खुद मरम्मत करता है और जब वह अपनी गति, अपना प्रवाह फिर पा लेता है तो उसके अनुभवों का ईंधन उसे कभी बन्द नहीं होने देता। अच्छा कवि तब भी अपना काम कर रहा होता है जब वह सामान्य तौर पर कुछ करता हुआ नहीं दिख रहा होता है। वह फिर कुछ बनाना चाह रहा होता है जो वैसे बना-बनाया कभी मिल ही नहीं सकता।

जो प्रमुख कवि इसमें चुने गये हैं उनके गोपन अंकों वाले उन असली नामों को मैं बधाई देना चाहता हूँ। इन कवियों में खासकर जो हिमाचल से हैं उनकी भाषा और अनुभूति का पहाड़ीपन खुद बता देता है कि वे हिमाचल और उसके इर्द-गिर्द से हैं।

मुझसे जिस 632 गोपन क्रमांक वाले कवि ने सबसे ज्यादा अंक ले लिए, उस कवि को बधाई। उन्होंने अपनी कविता में अपने समय और समाज की बुराइयों को अपने से न मिल पाने की दीवार के रूप में खड़ा किया है; पर बड़ा डर लगता है जब यह चीन की दीवार जितनी लम्बी होने लगती है। कवि अपने से मिलने के खतरे गिनाता है और उन खतरों के माध्यम से पूरी दुनिया में फैल जाता है। इन तक मुक्तिबोधियन स्याह कुओं के भय, सन्नाटे के साँप, जटायु के रक्त रंजित पैरों को रौंद कर ही पहुँचा जा सकता है। जले हुए जंगल में वापसी के लिए चिह्न उकेरते हुए ही पहुँचा जा सकता है। इनसे मिलने आने वाले पैरों से लिपटी हुई सूखी नदी से पिंड छुड़ा पाना मुश्किल है।

कुछ कवियों में अपने हिमाचल और अपने पहाड़ों को देखने का नज़रिया बिल्कुल अलग किस्म का है। इसमें स्थानीयता को वैश्विक सहभागिता के साथ देखा गया है। यह भी इन कविताओं में देखने को मिलता है कि आधुनिक मनुष्य में भी एक आदिम मनुष्य छिपा हुआ है जो बताता है कि आदिम (सबसे प्राचीन) मनुष्य भी किसी न किसी हद तक आधुनिक था। आधुनिकता ही प्रगति की कुंजी है। सिर्फ़ फैशन के स्तर पर आधुनिक होना बाज़ार का दबाव हो सकता है, लेकिन ज्ञान-विज्ञान के रचनात्मक धरातलों पर आधुनिक होना कर्म और विचार के स्तर पर नया होना हो जाता है।

कुछ और कवियों ने वैज्ञानिक दृष्टिकोण व्यक्त करने के लिए गुरुत्वाकर्षण, संलयन, ब्लैक होल, डोपा माइन, ऑक्सीटोन जैसी भारी-भरकम शब्दावली का इस्तेमाल किया है, बिना यह सोचे कि कितने लोग इनके असली अर्थ-प्रसंगों को जानते हैं या जानने की इच्छा रखते हैं। अगर रखते भी हैं तो क्या ये शब्द विज्ञान में निहित अर्थ के अलावा किसी सामाजिक अर्थ को भी पैदा कर सकते हैं। बहुत से कवि विज्ञान के कमाये हुए सत्य को अपनी कविता का विषय बनाते हैं और हम देखते हैं कि कवि का स्वयं का कमाया हुआ वैज्ञानिक सत्य वहाँ अनुपस्थित है। कवि का कमाया हुआ विज्ञान; साइंस से कतई भिन्न होगा। स्थापित और परिचित रूपक, बिम्ब और प्रतीक इत्यादि हमेशा अभिव्यक्ति को नया होने से रोकते हैं। बहुत पहले 'अज्ञेय' कह चुके हैं कि—'देवता पुराने प्रतीकों के कर चुके हैं कूच।' लाफ्टर चैलेंच ने हिन्दी कविता के हास्य रस को वीभत्स रस में बदल दिया है। अब समय आ गया है कि हास्य को फिर मनुष्य के मूल सौन्दर्य की निशानी और प्राथमिक संवाद की भाषा, मृदु मुस्कान से जोड़ दिया जाये। क्योंकि मुस्कान ही असल में हँसी का मूल बीज है। मूल बीज बचा रहेगा तो मुस्कान और हँसी दोनों की रक्षा और उत्पत्ति होती रहेगी।

बहुत-सी कविताओं में गाँव को उसके नीरव वातावरण के लिए याद किया गया है। लेकिन यह नहीं बताया गया कि उसकी निर्जनता, नीरवता और सन्नाटे भरी जिन्दगी कितनी बीमारियों और अभावों से भरी हुई है। कितनी स्वप्नविहीनता और ऊब वहाँ फैली हुई है। पता नहीं चलता कि दुर्दशाग्रस्त गाँवों को ये कवि किस खूबी के लिए याद कर रहे हैं। आज जैसे समाज को एक बेहतर आदमी की ज़रूरत है वैसे ही एक बेहतर गाँव की भी ज़रूरत है। कुछ न कुछ तो गाँवड़ीपन हमें खोना ही होगा। और जिसे खोना है तो जाहिर है कि वह काम का नहीं या कि पिछड़ा हुआ है। पिछड़ेपन की तारीफ करने के लिए गाँव को याद करने से नास्टेल्जिया (घरेलू मोह) भी ठीक से प्रकट नहीं हो पाता। उल्टा एक बेहतर

गाँव के बारे में कवि की समझ की पोल खुलती नजर आती है। नंग-धड़ंग बच्चों में बहुत ज्यादा सौन्दर्य देखना उन्हें सभ्यता के सारे लाभदायक तत्त्वों से वंचित करने में शामिल होना, मुझे दिखाई पड़ता है।

'फेस बुक' जैसे नये विषय भी कविता में आये हैं, लेकिन उन्हें अपने देसी सन्दर्भों की कमी के कारण विदेशी दैनन्दिनी से बुना गया है। भारतीय स्त्री भी आज 'फेस बुक' को फेस कर रही है या करने लगी है। अपने परिवेश की किरचें भी उस स्त्री को चुभती हुई महसूस हो रही हैं, यह अनुभूति 'फेस बुक' को तो नहीं, पर उस स्त्री को वापस ले आती है, जिसका चेहरा बिना 'फेस बुक' के भी हमारे बीच मौजूद है, रेत में फँसी हुई मरणासन्न मछली की तरह।

पहाड़ों पर जो कविताएँ हैं उनमें रूमानीपन पहाड़ी यथार्थ के मुकाबले ज्यादा है। लेकिन कुछ कवियों ने उस रूमानीपन को अपनी आधुनिक दृष्टि से जीवन के गहरे सरोकारों में बदल दिया है। बर्फ़ से गरीब लड़कों का खेलना याद दिलाता है—सैलानी अमीर लड़कों का बर्फ़ से खेल। दोनों में ठंड और गरमी का अनुपात अलग-अलग है। पहाड़ों पर छोटे लोगों के देवता भी छोटे हैं। भोले और निर्धन। यहाँ के देवता करोड़पति या अरबपति मन्दिरों के देवता नहीं हैं। कवि वहाँ वृक्षों के झुरमुट को ज़्यादा बड़े मन्दिर के रूप में देखता है। ऐसे पहाड़ी लोग सोचते हैं कि उनकी तो आत्माएँ भी अमर नहीं हैं।

एक समय ऐसा आता है जब किसी भी कविता का कलेवर, उसका स्थायी रूप और शिल्प बन जाता है। यही शिल्प पहले उसकी शक्ति और आज़ादी और यही बाद में उसकी रीति और रूढ़ि बन जाता है। आजकल पंक्तियों को टेढ़ा-मेढ़ा लिखने का मतलब है कविता और सीधे-सीधे लिखने का मतलब है—गद्य। यह कोई नहीं देख रहा कि कविता बनी या नहीं? क्या है जो वहाँ कविता है? क्यों उसे कविता कहें? उसे निबन्ध या कहानी क्यों नहीं कहा जा सकता? जीवन की चाहे जो कथा रचनाकार ले, उसे अपने काव्यानुभव में पिघलाकर स्टील या सोने जैसा या पानी जैसा कुछ तो बनाये। कुछ तो ऐसा बनाकर प्रस्तुत करे जो वैसे न बनता। निबन्धात्मकता, कहानीपन, औपन्यासिकता, सूक्ति परकता और नाटकीयता ये सारे गुण (मगर एक साथ) कविता में भी हों तो आनन्द आ जाये। जैसे कि 'नाटक' विधा में ये तत्त्व मौजूद रहते हैं, मगर नाटक बनकर। इसी तरह कविता में भी सबकुछ कविता बनकर आना चाहिए। कविता में यदि सारी विधाएँ एक-दूसरे की पूरक बनकर आयें और फिर भी अपने काव्यत्व को बरकरार रख सकें तो यह अभिव्यक्ति के स्तर पर सचमुच बड़ी बात होगी।

कविता की सादगी को कवि की लाचारगी में न ढलने दिया जाये; जिसे

भाषा की सरलता के नाम पर सराहा तो जा सकता है पर उसका मर्म कुछ भी हाथ न लगे। ऐसी भाषा केवल भाषा है—कविता नहीं। सरलता में अगर अर्थ की गहरी सादगी नहीं है तो ऐसे प्रयत्न कविता को और बोझिल, और त्याज्य बनाते रहेंगे।

कविता ने अपने प्रारम्भिक काल से मनुष्य का इतिहास, भूगोल और उसकी सम्पूर्ण नियति बनने की कोशिश की है। आज भी वैसी कविता को चिह्नित किया जाना चाहिए जो कविता को नयी ऊर्जा और कर्मवाच्य से भर दे। जिसमें जाना हुआ भी इस तरह आये कि जैसे वह अनजाना हो।

अन्त में यह भी कहना चाहूँगा कि कविताओं का मूल्यांकन इस दृष्टि से भी किया गया है कि कौन-सी कविता मुझे कविता होने की ओर अग्रसर लगी और कौन-सी सिर्फ़ कविता जैसी कविता लगी। नम्बर देने में भी काफ़ी कठिनाई महसूस हुई, लेकिन सम्पादक 'विपाशा' द्वारा कथ्य, भाषा-शैली और समग्र प्रभाव जैसे विभाजन के आधार पर सोचने, जाँचने और महसूस करने से अलग-अलग प्रतीतियों का सामना करना पड़ा है। इस विभाजन से काफ़ी सहायता मिली है। सभी सहभागी कवियों का स्वागत और सफल लोगों को बधाई—'हो न सके जो पूर्णकाम उनको एक बार फिर से प्रणाम!'

वैश्विक विवशता
और
स्थानीय विविधताओं के बीच कविता

अभी तक के साक्ष्यों से यह कहा जा सकता है कि पहले दुनिया धर्म की संस्कृति से एक होती थी अब 'व्यापार' की संस्कृति से एक होती है उसके बाद भाषा और सभ्यता की संस्कृति से। प्रेम-व्यापार और युद्ध-व्यापार भी 'व्यापार' शब्द के ही अंग हैं। युद्ध में भी, प्रेम में भी और बाजार में भी—'व्यापार' शब्द महत्त्वपूर्ण है। तभी जगत-व्यापार की सही खबर मिल सकती है। 'व्यापार' सोच और उत्पादन से जुड़ा है। तरह-तरह का यह 'जगत-व्यापार' मनुष्य के जीवन में जन्म और मृत्यु के बीच फैला है। 'ब्रह्मं सत्यं जगन् मिथ्या' की जगह मैं कहना चाहूँगा 'जगन् सत्यं, भ्रमं मिथ्या' यानी जगत सत्य नहीं है यह भ्रम मिथ्या है। जगत के असत्य होते ही जीवन, कर्म और जैविक उत्कर्ष, सब मिथ्या हो जाते हैं। इसलिए ब्रह्माण्ड यदि सत्य है तो उसके भीतर के तारे असत्य कैसे हो सकते हैं? यदि भाषा में कही गयी बात सत्य है तो भाषा को असत्य कैसे कहा जा सकता है?

इधर निस्सन्देह भाषा में एक बात उभर कर आयी है कि विश्व बाजार और विश्व सूचना संचारतंत्र इतने व्यापक और शक्तिशाली हो गये हैं कि पूरा विश्व एक गाँव में बदल गया है। विश्वग्राम की यह अवधारणा 'वसुधैव कुटुम्बकम्' से काफी भिन्न है। विश्व ग्राम का मतलब सिर्फ़ इतना है कि दुनिया छोटी हो गयी न कि गाँव की तरह पिछड़ी हुई। ग्लोबल विलेज में गाँव शब्द छोटा होने के अर्थ में इस्तेमाल हुआ है और दूसरा अर्थ इसका है पहुँच के अन्तर्गत होना। वसुधैव कुटुम्बकम् में पूरी बसुधा से कौटुम्बिक स्नेह सम्बन्धों की झलक मिलती है। कुटुम्ब से स्वयं के और दूसरे के भी कल्याण की भावना जुड़ जाती है।

इसी तरह भूमंडलीकरण शब्द में पृथ्वी के मंडलीकरण की अर्थात् विभाजन की ध्वनि अधिक है। ब्रह्माण्डीकरण जैसी एकता इसमें नहीं है। वैश्वीकरण में पूरे विश्व की व्यापकता में अन्तर्निहित एकता कुछ दिखती है। वैश्वीकरण का एक

अर्थ विश्वमयता भी है, इसलिए अंग्रेजी के ग्लोबलाइजेशन के लिए भूमंडलीकरण की अपेक्षा मुझे यह ज्यादा उपयुक्त लगता है। क्योंकि मंडलीकरण का अर्थ है छोटी-छोटी यूनिटों में भूमि को बाँट देना। ग्लोबलाइजेशन में बाँटने का नहीं एकत्व का बोध ज्यादा है। खैर, अब प्रश्न यह उठता है कि कविता में वैश्वीकरण या हिन्दी कविता में वैश्वीकरण के प्रभावों को किस रूप में देखा जाय या देखा जाना चाहिए?

दुनिया का छोटा होना यानी कि पहुँच के अन्तर्गत आ जाना धीरे-धीरे अति जानकारी के कारण इसके वैविध्य को नष्ट कर देगा। रहस्य-रोमांच और आकस्मिकता का आनन्द दुनिया से गायब हो जायेगा। अभी ऐसा नहीं हुआ लेकिन उसकी शुरुआत में ही कवि की चिन्ता से परिचित हो लें तो स्थानीयताओं की विविधताओं का रोमांच क्या होता है, उसकी हम कल्पना कर सकते हैं।

'गनीमत है/पूरी दुनिया एक ही शहर में नहीं रहती/अगर रहती होती/तो पूरी दुनिया में फैला होता एक ही शहर/और तब भी हम उसे पूरा घूम न पाते/एक खराब बात और होती/कि पूरी दुनिया एक ही शहर की रहने वाली होती/और इस तरह हम कभी किसी दूसरे शहर नहीं जा पाते/दूसरी खराब बात यह होती/कि चाहे किसी भी जगह हम मर रहे होते/पर पता एक ही शहर का होता/फिलहाल गनीमत है कि लोग जब एक शहर बदलते हैं/तो छोड़ने के लिए भी और पाने के लिए भी एक और शहर कहीं होता है/छोड़ने के बाद पाना एक और दुनिया पाने के बराबर है/जहाँ किस्मत बदले या न बदले शहर थाना और ठिकाना बदल जाता है/कई- कई दुनियाओं वाली एक दुनिया के बावजूद गनीमत है कि हम एक ही शहर के रहने वाले नहीं हैं/इसी से दुनिया में अभी देखने लायक अनदेखा बहुत कुछ बचा हुआ है।'

देखने लायक अनदेखा अपने देखे जाने का रहस्य हमारे लिए इस दुनिया में बनाये हुए है। ग्लोबलाइजेशन के कारण सारी दुनिया एक तरह की न हो जाये—यह खतरा अभी भाँपा नहीं गया है। दुनिया के अतीत में झाँकते हैं तो एक दुनिया में कई दुनिया निवास करती दिखती हैं। भूगोल में कई संस्कृतियों के साथ धर्मों का विकास दिखता है और कई धर्मों से हम सभ्यताओं की ओर बढ़ते दिखते हैं। कोई संस्कृति, कोई धर्म ऐसा नहीं है जिसने युद्ध, प्रेम और शान्ति के गीत न गाये हों। कोई संस्कृति और धर्म ऐसा नहीं है जिसमें समय-समय पर परिवर्तन न हुए हों। परिवर्तन ही सनातन है। इसीलिए सनातन नामक भारतीय धर्म में सबसे ज्यादा परिशोधन और परिवर्द्धन हुए हैं। आज भी सनातन परिवर्तन की चेतना वाले धर्म ज्यादा सहिष्णु, ज्यादा लोचदार और ज्यादा दीर्घजीवी दिखाई देते

हैं। मनुष्य जीवन में परिवर्तन की पक्षधर संस्कृतियों ने आगे बढ़कर अपने में से बहुत कुछ खोया और उससे कहीं अधिक मूल्यवान तत्त्वों को पाया। जो बदले हैं वे इसलिए बदले हैं क्योंकि मूल रूप में उनका अस्तित्व बना रहना कठिन था।

संस्कृतियों, धर्मों और सभ्यताओं की इस यात्रा में हमने भाषा के भी युद्ध लड़े हैं। भाषा के सांकेतिक युद्ध से लेकर मंत्र जैसी शक्ति वाली गालियों तक हम यों ही नहीं पहुँचे। अपने स्वभाव की अभिव्यक्ति के लिए हर सभ्यता में मनुष्य ने अनेक परिष्कारों भरे उपाय किये। निरुपाय जीवन पद्धतियों में धर्मों और सभ्यताओं का संघर्ष बहुत कम दिखाई देता है। आज मनुष्य सांस्कृतिक और धर्म पर उतना गौरव नहीं करना चाहता जितना सभ्यता पर करना चाहता है। धर्म और संस्कृतियों के संगम के रूप में आज सभ्यता ने अपनी पहचान बना ली है। आज हम एक धार्मिक और सांस्कृतिक मनुष्य की पहचान एक सभ्य व्यक्ति के रूप में करना चाहते हैं। असल में झगड़ा सभ्यताओं में भी है लेकिन सभ्यता की रूढ़ियाँ अभी उतनी घातक रूप को प्राप्त नहीं हुईं कि मनुष्य के सामाजिक स्वभाव के लिए सभ्यता की जगह कोई नया शब्द गढ़ा जाय। क्योंकि सभ्यता संस्कृतियों और धर्मों पर ही निर्भर नहीं करती बल्कि वह टेक्नोलॉजी पर भी मुनस्सर करती है। इसलिए सभ्यता में सहिष्णुता, सहभागिता और शिष्टाचार ज्यादा महत्त्व रखता है। टेक्नोलॉजी ने सभ्यता के कर्मकांड को सर्वथा बदल दिया है। टेक्नोलॉजी आज मनुष्य कर्म की चरम परिणति बनकर सामने आयी है। अब अगर विचार और टेक्नोलॉजी में परस्पर सामंजस्य न हो तो एक अलग तरह का संकट शुरू हो जाता है जिसका नाम सभ्यतागत पिछड़ापन है। हम सांस्कृतिक और धार्मिक रूप से अगड़े हो सकते हैं लेकिन अगर हम तकनीकी सभ्यता में पिछड़े हैं तो हम दुनिया की प्रायोगिक प्रतियोगिताओं में टिक नहीं सकते। आज हमें वैचारिक विश्व के साथ आर्थिक विश्व का भी हिस्सा बनना है, उत्पादन का भी हिस्सा बनना है और उपभोग का भी। लेकिन बाजार की अनैतिकता का साहित्य में हमेशा से विरोध रहा है। आज के बाज़ार में उपभोक्ता की जिस क्रयशक्ति (पर्चेजिंग पावर) की सराहना की जाती है उसकी व्यथा एक कवि के जीवन में किस तरह की दुश्चिंता पैदा कर देती है : **'ताकत की दुनिया में जाकर मैं क्या करूँगा/मैं सैकड़ों हजारों जूते लेकर क्या करूँगा/मेरे लिए एक जोड़ी जूते ही ठीक से रखना कठिन है/हजारों लाखों कपड़ों, मोजों, दस्तानों का मैं क्या करूँगा/इतने सारे कमरों का क्या करूँगा/यह दुनिया घर है कोई होटल नहीं/और मेरी नींद का आकार हद से हद एक चिड़िया के बराबर है।'–मंगलेश डबराल**

जीवन जीने के तरीकों में जो तकनीकी बदलाव आ गये वे कुछ तो स्वागत

योग्य हैं, कुछ जीवन भर की कमाई छीन लेने वाले हैं। इसलिए कविता मनुष्य के उस बुनियादी असंग्रही गुण की याद हमें ज़रूर दिलाती है जो मजबूत से मजबूत उत्पादनों की नरश्वता भी दर्शा रही हो, यह कहकर कि मेरी नींद का आकार हद से हद एक चिड़िया के बराबर है। लेकिन इसमें एक सम्भावना और छिपी हुई है कि एक चिड़िया की नींद का आकार किस के बराबर है? खैर...यह कविता की व्याख्या का वक्त नहीं है। आप सोच रहे होंगे कि कविता के सांस्कृतिक, धार्मिक और भूमंडलीकृत वैश्विक आधार का तकनीकी रूप से क्या सम्बन्ध है?

इस विषय पर मैं क्रमशः आना चाहता हूँ। क्योंकि अभिव्यक्ति की टेक्नोलॉजी भी आज बदल चुकी है। आज हम कह सकते हैं कि संस्कृति जिन आन्तरिक विश्वासों पर आधारित जीवन पद्धतियों का नाम है क्या वे अधिक सुसंस्कृत होने के लिए परिवर्तित नहीं हुई है? आचार्य नरेन्द्र देव ने संस्कृति को चित्त भूमि की खेती कहा है। खेती हमेशा एक ही तरह की नहीं होती। बीज बदल दो तो वही खेत दूसरी तरह की फसल देने लगता है। मेरी दृष्टि में धर्म वही श्रेष्ठ है जो कर्तव्य बोध और अध्यात्म की ओर ले जाये और हमें कर्म से तो संलग्न रखे लेकिन 'रिलीजन' से मुक्त कर दे। संस्कृति कभी किसी कच्चे विचार को स्वीकार नहीं करती। संस्कृति हमेशा परिमार्जन, परख और परिशोधन के बाद ही किसी विचार और किसी व्यवहार को सांस्कृतिक दर्जा देती है। रूढ़ियों और हल्के-फुल्के रीति-रिवाजों को सांस्कृतिक मूल्यों में परिगणित नहीं किया जाता।

संस्कृति कहीं न कहीं इतने सुसंस्कृत आग्रहों से भरी होती है कि साधारण लोकधर्मिता को उसमें सहज ही प्रवेश नहीं मिल सकता। लोकधर्मिता को यह सिद्ध करना होगा कि वह मानवीय आचरण की कसौटियों पर अब इतनी कसी जा चुकी है कि उसे हर हाल में संस्कृति का दर्जा मिलना ही चाहिए। तब जाकर कोई आचार-व्यवहार, कोई मूल्य, सांस्कृतिक मूल्य कहलाने के योग्य हो सकता है। यही स्थिति परम्परा की भी है। यदि कोई विचार, मूल्य और अवधारणा स्वतः दूसरे से दूसरे तक नहीं जाती है तब तक वह 'परस्य परं गमयतीति परम्परा' के अर्थ में परम्परा नहीं बन सकती। संस्कृति की तरह परम्परा में भी परिवर्तन अन्तर्निहित है। संस्कृति और परम्परा कोई बन्द जलाशय नहीं हैं बल्कि वे बहती हुई नदियों की तरह हैं। नदियों की मजबूरी इतनी ज़रूरी है कि वे भी अपने बनाये दो तटों के बिना नहीं बह सकतीं। चाहे वे पुराने तटों को तोड़ भी दें तो भी उनकी गति और प्रगति के हिसाब से तुरन्त दो नये किनारे बन जाते हैं। संस्कृतियों, धर्मों और परम्पराओं का संगम है सभ्यता। सभ्यता हमारा बहिर्लोक है और यह बहिर्लोक, अन्तरालोक में ही ठीक से दिखाई देता है।

शहरों और गाँव के फ़र्क़ को पहले हम शान्ति, स्वच्छता, सुरक्षा और प्रेम के आधार पर विभाजित करते थे और फिर शहर के नरक के मुकाबले गाँव के स्वर्ग के गीत गाने लगते थे। लेकिन 1960 के बाद, जब से नये पैसे आये हैं, पंचवर्षीय योननाओं के फल शहरों पर बरसने लगे हैं, तब से कविता की भी सोच कुछ बदल गयी है–

तुम कहते हो तो हम हाँ भर लेंगे गाँवों के लिए
पर शहर अधिक सुविधा देता है नंगे पाँवों के लिए

सांस्कृतिक यातना : नाटक जारी है

शहरीकरण अगर बाजारीकरण न होता बल्कि उसके स्थान पर एक पुख़्ता नगरीकरण होता तो उसका स्वरूप स्थापत्य, कला और जीवन स्तर की दृष्टि से सुरक्षित, सुविधापूर्ण और सुसंगत होता। 'पर जो कि नहीं है उसका गम क्या–जैसे कि सुरुचि।'–(शमशेर बहादुर सिंह)

धर्म, संस्कृति, परम्परा और कर्म इन चारों की ध्वन्यात्मक अनुभूति से जो चीज समृद्ध होकर निकली है वह है भाषा और उसकी लिपि। अभिव्यक्ति जितनी स्वाभाविक है उतनी ही टेक्निकल भी है। हजारों, लाखों वर्षों के सांकेतिक संवाद के बाद ध्वन्यात्मक संवादों और लिप्यात्मक संवादों की शुरुआत हुई। अनेक संशोधनों और परिमार्जनों के बाद लिखित शब्दों के संकेतों में अन्तर्निहित अर्थों से संवाद की परम्परा विकसित हुई। अब हम अर्थगर्भ-भाषा के अन्तर्गत विपुल शब्दावली के मालिक हैं। हमारे पास प्रत्येक अनुभव के वर्गीकृत पर्यायवाची शब्द मौजूद हैं। अब सूचना माध्यमों के लिए शब्दों की कमी नहीं है परन्तु यदि कविता यह कहती है कि शब्दों की कमी है, भाषा अभी भी असमर्थ है तो इसका अर्थ यह है कि कविता के ये अनुभव, भूतपूर्व शब्द प्रदाता अनुभवों से कुछ भिन्न हैं।

कविता अभिव्यक्ति का मात्र एक माध्यम या साधन भर नहीं है बल्कि वह कवि के लिए एक साध्य भी है। इसलिए कविता के क्षेत्र में भाषा की यात्रा या भाषा के क्षेत्र में कविता की यात्रा का कुछ अलग ही अर्थ है। अनुभव और विचार की वह अभिव्यक्ति कविता है जो अभी तक इस रूप में पहले कभी नहीं की गयी। कविता की अभिव्यक्ति सम्बन्धी गरिमा ही महत्त्वपूर्ण नहीं है बल्कि उसकी अप्रयुक्त अद्वितीयता भी शायद एक ऐसा तत्त्व है जो उसे मात्र विधा के दर्जे तक सीमित नहीं रहने देता। इसीलिए अच्छे पाठक को भी अच्छी कविता केवल पढ़नी नहीं होती बल्कि समझनी और साधनी होती है। बार-बार अपने जीवन व्यवहार के साथ उस कविता में रहना होता है।

संस्कृति, परम्परा और सभ्यता एक-दूसरे को समझने में कभी-कभी अदृश्य रुकावट पैदा कर देते हैं, एकदम काँच की दीवार के पार सब कुछ साफ दिख रहा है लेकिन कोई दरवाजा नहीं दिख रहा है। काँच की दीवार में दरवाजे की तलाश निरर्थक नहीं है बल्कि उसी से हम काँच के उस पार पहुँच सकते हैं। वह काँच की दीवार है हमारा बाहरी जगत जिसे हम यथार्थ के नाम से जानते हैं और वह दरवाजा है हमारा अभ्यन्तर जिसे हम स्मृति के नाम से जानते हैं। हमारी स्मृति में कविता की स्मृति सबसे प्राचीन है और सबसे नयी भी। भय भी शक्ति देता है की 'धर्मार्थ' कविता का उदाहरण देकर शायद मैं कविता के धर्म की भी याद दिला सकूँ—

'धर्म माने स्वभाव तो इसे बिगड़ने नहीं देना चाहिए।
धर्म माने आचरण तो इसे सुधारते रहना चाहिए।
धर्म माने अच्छाई तो इसे बुराई से बचाना चाहिए।
धर्म माने निजी विश्वास तो इसे अपने में ही रखना चाहिए।'

आज की हिन्दी कविता पर आरोप लगाये जाते हैं कि वह अत्यन्त गद्यात्मक हो गयी है और वह कविता जैसी नहीं रही। इस सम्बन्ध में पहले यह निवेदन कर दूँ कि कविता पहले भी गद्यात्मक रही है। पहले संस्कृत श्लोकों को समझने के लिए उनका अन्वय करना पड़ता था तब अर्थ समझ में आता था। अन्वय में क्रिया पदों के अनुसार वाक्यों को सीधा किया जाता था और बात समझ में आ जाती थी। आज संक्षिप्तता के लिए, क्रिया पद की अन्विति के लिए आड़े तिरछे वाक्य नहीं बनाये जाते बल्कि अन्वय के बाद सीधे वाक्य का जो स्वरूप बनता है, उसमें कविता कही जाती है। पर सवाल यहाँ भी वही मैं उठाना चाहूँगा कि वाक्य सीधे हों या टेढ़े आखिर कविता वहाँ बनी या नहीं? कविता अपने शब्दों और मुहावरों के बावजूद वहाँ से पाठक के मन में प्रवेश करती है या नहीं? उदाहरण के लिए—

'विचारधारा की तरह
कहीं-कहीं बची है चोटियों पर बर्फ
विचारधारा के बिना भी ठंड की तानाशाही कायम है।'

लगता है यह कविता मौसम अथवा मौसम विभाग पर एक टिप्पणी है। लेकिन यह समसामयिक राजनीति के उन ठिकानों का पता देती है जिनकी चोटियों पर ही थोड़ी-सी वैचारिक बर्फ बची रह गयी है। लेकिन विचारधारा की तानाशाही

बिना बर्फ की ठंड जैसी कायम है। इसीलिए कहा जाता है कि कविता को शब्दार्थ की तरह न समझकर अर्थाशय के रूप में समझा जाना चाहिए। कविता पाठक के भीतर जिस अनुभव का निर्माण करती है वही उसका अर्थ है। कविता का जो संस्कार लेकर हम बड़े हुए होते हैं बहुत-सी कविताओं को समझने के लिए हमें उसे छोड़ना पड़ता है। इसमें भी कविता की नव्यता ही कारण बनती है। अच्छी कविता अपने साथ अपने पाठक को भी बदलती है। उदाहरण के लिए आज की हिन्दी कविता में मुहावरों के नहीं क्रिया पदों के भी विलक्षण प्रयोग हुए हैं। एक ही क्रिया पद किस तरह दो संज्ञाओं की पूर्ति करता है—इसे देखें—

बच्चा सोता है
हिलाने से
राजा जागता है।

हिलाने क्रिया से दो विपरीत ध्रुवों वाली 'सोना' और 'जागना' क्रिया को एक ही कर्म और संज्ञा का हिस्सा बनाया गया है। बच्चा सोता है हिलाने से, राजा जागता है, यह कविता इतनी ही है और आपात्काल के सम्पूर्ण वातावरण को अपने छोटे से कलेवर में आज भी समेटे हुए है। इसे आधुनिक हिन्दी की सबसे छोटी कविता भी कह सकते हैं। यदि भाषा में होना है तो गद्य के बिना गुजारा नहीं हो सकता। गद्य हर विधा का रॉ मटीरियल है। बाजार और व्यापार के भूमंडलीकरण ने कमाने-धमाने के कई नये रास्ते खोल दिये हैं। भारतीय संस्कृति में बाजार का निषेध पहले भी नहीं था। मेले बाजार के प्राथमिक आधार थे। अब 'मौल' बाजार के प्राथमिक आधार हो गये हैं। बीज और उत्पादन पर तरह-तरह के प्रतिबन्ध लगा दिये गये हैं। सेज की गुलामी से किसानों को और सम्पूर्ण कृषितन्त्र को बाँध दिया गया है। अन्तरराष्ट्रीय ऋण व्यवस्था काफी मनमानी—और इकतरफा है। व्यय का बाजार आय से ज्यादा बड़ा बना दिया गया है। स्थानीय उत्पादन अन्तरराष्ट्रीय स्तर के भले ही बनाये जा रहे हों लेकिन उनसे स्थानीयता का रंग धीरे-धीरे निकल भाग रहा है। क्योंकि सारी दुनिया में एक जैसी काट के डिजायनर कपड़े फैला दिये हैं इससे स्थानीयता धीरे-धीरे अगर रंग में कहीं बची भी है तो ढंग में बिल्कुल बदल गयी है। स्थानीयता अन्तरराष्ट्रीय नहीं हुई है बल्कि अन्तरराष्ट्रीयता स्थानीय हो गयी है। परिवेश में बहुत ज्यादा परायापन और उसका अस्वीकार्य रंग-ढंग छा गया है। परिधान पहनने के बाद भी नंगई ढकती नहीं है। क्या वह केवल पुरुष दृष्टि का दोष है? हिन्दी सिनेमा अंग्रेजी में डिस्कस किया जाता है। कोई हिन्दी का ऐक्टर हिन्दी भाषा की खूबसूरती और खराबी को नहीं जानता।

एक अच्छी बात यह ज़रूर हुई है कि सूचना तन्त्र और यातायात में पूरी दुनिया नजदीक आ गयी है। लेकिन नजदीकी से घृणा भी ज्यादा बढ़ी है। कुछ लोगों ने धर्म को भी बाँटने का साधन बना लिया है। अच्छी-अच्छी बातें भी हमारी और तुम्हारी में बँट गयी हैं। यह विभाजन राष्ट्र विभाजन नहीं बल्कि आत्म विभाजन में बदल गया है। असमानता और अनैतिकता पर आधारित उत्पादन और बाजार बड़े पैमाने पर बढ़ा है। बाजार भी अन्याय और आतक की तरह बढ़ा है। महँगाई जब बढ़ती है तो सचमुच हर साधारण कमाने वाला व्यक्ति अपने को मारा-पीटा महसूस करता है—तब कविता ही हमें थोड़ा-सा नैतिक बल देती है—

'जब उसने कहा कि अब सोना नहीं मिलेगा
तो मुझे कोई फ़र्क़ नहीं पड़ा
पर अगर वह कहता कि अब नमक नहीं मिलेगा
तो शायद मैं रो पड़ता।'

मनुष्य स्वभाव की उत्कृष्टता और निकृष्टता दोनों की सुन्दर अभिव्यक्ति सदियों से होती चली आयी है। लेकिन आज मनुष्य चरित्र में जितनी गिरावट आ गयी है, उतनी गिरावट तक हिन्दी साहित्य अभी नहीं पहुँचा है। साहित्य का काम है उत्थान के चरमबिन्दु तक से लेकर पतन के चरमबिन्दु तक की यात्रा में मनुष्य और उसकी प्रवृत्तियों का पीछा करना। इसीलिए साहित्य में श्लील-अश्लील का प्रश्न कोई खास अर्थ नहीं रखता। क्योंकि जो जीवन में है वह उसका चित्रण करते हुए या आलोचना करते हुए साहित्य में आयेगा ही आयेगा।

पूरे विश्व के बाजार का चरित्र तो आज एक जैसा करने का प्रयास किया जा रहा है लेकिन उसके उपभोक्ता मनुष्य का चरित्र एक नहीं हो सकता। कवि कुँवर नारायण के शब्दों में—

'कभी-कभी निकल जाता हूँ बाजारों की तरफ भी
सिर्फ़ देखने के लिए कि इन दिनों क्या बिक रहा है किस दाम
फैशन में क्या है आजकल?
वैसे सच तो यह है कि मेरे लिए बाजार एक ऐसी जगह है
जहाँ मैंने हमेशा पाया है एक ऐसा अकेलापन
जैसा मुझे बड़े-बड़े जंगलों में भी नहीं मिला
और एक खुशी, कुछ-कुछ सुकरात की तरह
कि इतनी ढेर सी चीजें जिनकी मुझे कोई ज़रूरत नहीं।'

बाजार तय करेगा कि सामान बेचने के लिए कौन-सी भाषा हमें बोलनी है। सामान का विज्ञापन तो बाजार हिन्दी में तैयार करेगा लेकिन बेचेगा उसे अंग्रेजी में निष्कर्ष बताकर। ज़रूरतें हिन्दी में उकसाई जायेंगी या स्थानीय बोलियों में लेकिन उपभोग उसका इंग्लिश मनःस्थिति में होगा। बाजार बतायेगा कि हमें कब क्या पहनना है। इस तरह बाजार भी एक आतंकवाद फैला रहा है। जो लोग क्रयशक्ति की उस श्रेणी में नहीं आते हैं उनकी भूख उन्हें अपराधी बना दे रही है। बाजार भूख का आतंक फैला रहा है। बाजार का आतंकवाद किसी को दिखाई नहीं दे रहा। अमेरिकी बच्चों के सारे खिलौने चीन बना रहा है और युद्ध पिपासु राष्ट्रों को बढ़ावा देने के लिए खतरनाक हथियार अमेरिका बना रहा है। अन्तर्विरोध पर बहस नहीं होती बल्कि दुनिया के सारे बाजार इसमें सहमत लगते हैं। हिन्दी कविता आतंकवाद के इन रूपों को आठवें दशक से ही पहचानती है। भय भी शक्ति देता है कि एक कविता 'उसकी खुशी' को याद करना चाहूँगा—

उसने चाहा तो यह था कि कोई बढ़िया सा सपना देखे
पर देखता क्या है कि बच्चे तमाम प्रौढ़ हो चुके हैं
पेड़ तमाम काटे जा चुके हैं
चिड़ियाँ तमाम मारी जा चुकी हैं
ऐसे में वे आये और कहने लगे दुनिया में खुशी
हमारी सिगरेट के कारण है
फिर भी वह उदास ही रहा तो वे भेस बदल कर
आये और कहने लगे
तुम्हारी खुशी फलाँ ब्लेड की तेज धार में छिपी है
अगर तुम उसे आज ही खरीद लो
जब उन्होंने मान लिया कि वह नंगा आदमी है
तो कई और लोगों से कहलवाया कि उसकी खुशी
के लिए हमने कपड़ों के डिजायन बदल दिये हैं
और गारंटी है वह कभी दुखी नहीं हो सकता
अगर हमारी कम्पनी का नाम याद रखे
और हमारा पेस्ट इस्तेमाल करे...
वह सारी रात परेशान रहा इस नालायक सपने के कारण
जो दुख-दर्द धोने के लिए कभी उसे साबुन के झाग में डुबो देता
कभी बिछा देता सामने एक सुन्दर कालीन

जो अगर सचमुच मिल जाय तो उसमें से एक तो वह कोट बनवा डाले
और बाकी उम्रभर के लिए कुछ मजबूत कपड़े
कपड़े वह ज्यादा जाड़े के कारण पहनता है खुशी के नहीं
खुशी जो कभी सचमुच मिल जाये तो डर है वह कहीं कपड़े उतार न दे।

वैश्वीकरण के समय में हमारी खुशियाँ हमसे और हमारे स्थानीय समाज से पैदा न होकर, आयातित खुशियाँ हैं। हर खुशी पर उसके दाम का टैग लगा हुआ है। ऐसे में मनुष्य के भीतर उसकी मानवीय संवेदनाओं और परिस्थितियों की विडम्बना समझने की शक्ति साहित्य ही हमें दे सकता है। खासकर कविता की आत्मीय भूमिका की आज हमें पहले से ज्यादा ज़रूरत है क्योंकि हम धीरे-धीरे व्यंग्य के शिकार हो रहे हैं और व्यंग्य करने की शक्ति खोते जा रहे हैं।

मैं अनुभव और भाषा का आज़ाद गुलाम हूँ

मेरा जन्म 1 जुलाई 1940 के सोमवार को साढ़े नौ बजे सुबह हुआ। मुझे कैसा लगा, नहीं मालूम, पर अपने आज के अनुभव से जानता हूँ कि माँ और पिता जी को बहुत अच्छा लगा होगा। सम्भवतः उन्होंने भेली फाड़कर बाँटी होगी। तब पहाड़ पर मिठाइयाँ और चीनी दुर्लभ वस्तुओं में होती थीं, सिर्फ़ मेरठ, मुजफ्फरनगर और देहरादून से गुड़ की भेलियाँ ही आदमियों और खच्चरों की पीठ पर पहाड़ चढ़ पाती थीं। पहाड़ी गन्ना सिर्फ़ कोदे के डंठलों को कहते थे जिसे जानवर ज्यादा पसन्द करते थे। आज भी कृषि अनुसन्धान के क्षेत्र में कोदे को पहाड़ी गन्ना बनाने पर कोई शोध नहीं हुआ है। मेरी बहुत दिनों से यह माँग रही है...? मैं जितनी विकट परिस्थितियों में पैदा हुआ, युवा होते ही मुझे वे विषमताएँ बड़ी काव्यात्मक लगने लगीं। गाँवों में सुने हुए बचपन के लोकगीत और स्कूल में पढ़ी हुई कविताओं से बार-बार एक आवेग सा मन में पैदा होता था कि मैं भी ऐसा कुछ लिख-बोल सकता हूँ, याकि मैं इसे कुछ अपने ढंग से अपनी स्थितियों के बीच कहूँ तो कैसे कहूँगा? सम्भवतः इसी अनुकरण प्रियता की जद्दोजेहद में मेरे प्रारम्भिक कवि का जन्म हुआ। जाहिर है कि यह एक तरह से दूसरा जन्म था। युवा होते ही मुझे जयशंकर प्रसाद, अयोध्यासिंह उपाध्याय 'हरिऔध', मैथिलीशरण गुप्त, सुमित्रानन्दन पन्त, निराला और दिनकर ने बहुत प्रभावित किया। वाक्‌देवी के विपुल संसार में कविता के परिसर की ओर ले जाने वाले पुराने जोगी दरअसल पुराने कवि ही होते हैं। नये कवि का पहला जन्म पुराने कवियों के वैचारिक आशयों से होता है। बाद में लगभग 21-22 वर्ष की उम्र में मैं अज्ञेय, मुक्तिबोध, नरेश मेहता, शमशेर बहादुर सिंह, विजयदेव नारायण साही, कुँवर नारायण, शंभुनाथ सिंह, केदारनाथ सिंह आदि स्थापित कवियों की रचनाओं से प्रभावित हुआ। यानी कि 1960 के बाद मैं तेजी से अपने लिए अपना कोई ढंग और अपना कोई रास्ता तलाशने में लग गया। युवा कवियों में राजकमल चौधरी और धूमिल मुझसे उम्र, अनुभव और अध्ययन में बड़े थे। उनसे भी प्रभावित हुआ। अपने को दुनिया से संलग्न करते हुए कविता की अभिव्यक्ति में

अलग करते चलने का संघर्ष आज भी जारी है। कविता में इतिहास का होते हुए भी अपने समय का होना पड़ता है। जो अपने समय का नहीं वह इतिहास का भी नहीं हो सकता। कुछ लोग समय को अपने इतिहास से अलग इकाई समझते हैं लेकिन मैं समझता हूँ कि सारे काल इतिहास के बस्ते में ठुँसे हुए हैं। सारा इतिहास अपने समय का वर्तमान रहा हुआ होता है। इसलिए वर्तमान ही है जो रोज़ इतिहास में दैनिक इतिहास होकर दाखिल हो रहा है। जो अपने समय का होता है, इस तरह वह इतिहास का हो जाता है। इतिहास के लिए जो इतिहास में घुसे हुए रहते हैं वे कविता क्षेत्र में अपने होने के इतिहास से वंचित हो जाते हैं। कहीं एक जगह जमा वर्तमान ही अतीत बन जाता है।

मैं काशी (बनारस) और उत्तरकाशी का विशेष मुरीद हूँ कि प्रकृति और जीवन पद्धति ने मुझे कविता की ओर अधिकतम संलग्न किया। धूमिल और काशीनाथ सिंह मेरे अग्रज हैं पर उन्हीं के आसपास मेरी भी शुरुआत हुई है, यह सौभाग्य समझता हूँ। निराला निवेश में आयोजित एक गोष्ठी में डॉ. बच्चन सिंह ने धूमिल से कहा था कि तुम जगूड़ी के प्रभाव से बचो, हम लोगों ने इस उक्ति का उस दिन खूब मजा लिया था। उसी तरह की व्यक्तिगत खुशी उस दिन भी हुई थी जब इमरजेंसी के दिनों में 'भेद' कविता 'आलोचना' के लिए स्वीकार करते हुए डॉ. नामवर सिंह ने कहा था कि–'बाबू रघुवीर सहाय अब क्या खाकर कविता लिखेंगे'। उसके बाद रघुवीर सहाय ने एक से एक उम्दा कविताएँ लिखीं। लेकिन दिल बहलाने को ग़ालिब ये ख़याल अच्छा है। रघुवीर सहाय से आज भी बहुत कुछ सीखा जाना चाहिए। हर कवि, अभिव्यक्ति के किसी न किसी अंग का पूरक होता है। अच्छी कविता और अच्छे कवियों की सोहबत व्यक्तित्व में तब्दीलियाँ लाती है। सोच और शब्दावली में फ़र्क़ पड़ता है। लेकिन उसके बाद एक ऐसी स्थिति आती है कि खुद को सब घेरों से बाहर करने की इच्छा होती है। प्रचलन से चिढ़ होने लगती है। परिवर्तन में परम्परा की शाश्वतता दिखने लगती है। बदलाव और अभिव्यक्ति एक नया उपार्जन माँगने लगते हैं। कुछ लोग केवल कौशल, कुछ कौशल व कथ्य दोनों स्तरों पर संकट का अनुभव करते हैं। प्रतिष्ठित और प्रचलित दोनों के विरुद्ध अपना रास्ता निकालना हर बार चुनौतियों भरा होता है। व्याधि और उपाधि की लालसा की तरह कविता भी परिवर्तन की आकांक्षा का पीछा नहीं छोड़ती। कवि के पास अच्छे लोगों के अलावा बुरे लोगों के बीच रहने के भी अच्छे-खासे अनुभव होने चाहिए। बुराइयों को जाने बगैर अच्छाइयों की पहचान और उनका पोषण सम्भव नहीं। कवि को गर्हित, निकृष्ट, वर्जित और निषिद्ध का भी पीछा करना चाहिए। कवि की

संवेदना को अनुभव सिद्ध होना आवश्यक है वरना बिना कीमत चुकाये मुफ्त की कविताई यशस्वी नहीं हो सकती। कवि को दुश्चरित्रों, दुश्शीलों, पतितों, अटकों, भटकों और अपराधियों तक के प्रति मानवीय जिम्मेदारी और करुणा से भरा हुआ होना चाहिए। रवि की तरह कवि को भी सब जगह बिना घृणा के जाने, रहने और सहने का तजुर्बा और साहस होना चाहिए। लाचारी और मजूबरीवश ऐसा होना कवि की अयोग्यता है। सोच-समझकर, जान-बूझकर, जिज्ञासु भाव से ऐसा हो तो, वह अपने कवि के निर्माण में बेहतर सहायक हो सकता है। चीज़ें स्वभावतः सब अच्छी नहीं होतीं, उन्हें अच्छा बनाना पड़ता है। यह तभी सम्भव है जब सबसे पहले अपनी खराबी और कमजोरी का बोध हो। साहित्य की जटिलता, ढाँचे और प्रभाव दोनों स्तरों पर शुरू से ही मौजूद रही है, इसीलिए खासकर कविता की समझदारी के लिए अपने भीतर 'शीघ्र बोध' भी पैदा करने का ज्ञानात्मक अभ्यास विकसित करना पड़ता है। सरलीकरण और अतिरंजना से तभी छुटकारा पाया जा सकता है।

मैंने पहले कवि होने के बारे में नहीं सोचा था लेकिन मेरी परिस्थितियों ने मुझे इतना विपत्तिग्रस्त और अकेला बनाये रखा कि मुझे अपने चुप्पेपन में शब्दों और ध्वनियों के अर्थ समझने और बरतने की तलब सी हो गयी। अकेलापन साहित्य में व्यक्ति की मानसिक मरम्मत करता है। मेरे मन में अपार असफलताओं और असुरक्षाओं ने डेरा जमा लिया था। अगर मैं साहित्य के सम्पर्क में न आता तो मैं सम्भवतः एक अपराधी हो जाता। साहित्य ने और कुछ किया हो या न किया हो, कम-से-कम मुझे अपराधी होने से रोका है। मैंने खुद धोखे खाये, अन्याय झेले, उनका प्रतिकार किया मगर हर जगह मैं उन्हें न्याय में नहीं बदलवा पाया। साहित्य अच्छे आदमी का निर्माण सम्भवतः इसी तरह करता है कि वह अपने से जुड़ने वाले को अन्यायी, अपराधी और निरर्थक ईर्ष्याओं का पात्र नहीं बनने देता। जो हों या होते होंगे वे कवि तो कतई नहीं हो सकते। मैं खुद को कवि होने का प्रमाणपत्र नहीं दे रहा हूँ लेकिन मैं खुद को कविता से अलग भी नहीं कर सकता। न मैं बिना किसी भाषा के कविता की कल्पना कर सकता हूँ। मैं दृश्यों और आन्तरिक अनुभवों को भी भाषा में सोचता हूँ। भाषा के बिना मैं रंगों और आकृतियों के बारे में भी नहीं सोच सकता। मैं अनुभव और भाषा का आज़ाद गुलाम हूँ। मैं पहले नये विचार का पीछा करता हूँ और उसे अपने अनुरूप बनाने की कोशिश करता हूँ अन्यथा वह अगर कोई नया रास्ता मुझे दिखाता है तो उसी पर चलकर मैं उसकी उपयोगिता के बारे में सोचता रहता हूँ। मैंने बहुत सी कविताएँ नींद में सपना देखते हुए सोची हैं और तुरन्त जगकर

उन्हें लिखा भी है। किसी मौके पर मैं बताऊँगा कि कौन-कौन सी कविताएँ मैंने सपने में सोची और बोली हैं। मैं अपनी कविताएँ उस तरह कण्ठस्थ ज्यादा दिन नहीं रख पाता हूँ जिस तरह कुछ कविसम्मेलनी कवि अपनी कविताओं को रट्टा मारकर याद रखते हैं। उनके साथ सुविधा यह है कि उन्हें वे ही कविताएँ सुनानी हैं जो उन्हें अपने जीवन काल में सुनाते-सुनाते रट गयी हैं। मैं खुद को भुला देने के लिए फिर एक नयी कविता रचता हूँ और फिर उससे आगे किसी और नयी कविता की ओर बढ़ जाता हूँ। मैंने अब तक क्या-क्या सोचा, किया और लिखा, उसे याद रखता हूँ पर दोहराता नहीं हूँ। अगला जन्म अगर होता है तो मैं उसमें भी कवि होना चाहूँगा, सबसे बेहतर कवि।

क्या कविता ख़तरे में है?

पहले मैं यह याद दिलाना चाहता हूँ कि कवि शब्द जब पैदा हुआ और प्रचलित हुआ तब लेखक शब्द अस्तित्व में नहीं था। इसलिए कवि को आज भी लेखक से अलग होना चाहिए और कवि को अपने कथन विशेष अर्थात् विशिष्ट कथन की शक्तियों को पहचान कर ही कविता के क्षेत्र में आना चाहिए। अन्यथा उसे सामान्य लेखन की ओर चला जाना चाहिए। अगर रचनाकार में कर्मानुभव और संवेदनात्मक अनुभूति को अब तक न कहे गये बिम्बों में ढालना, अनदेखे को देखना और अकथित को नयी भाषा में व्यंजित करना नहीं आया तो वह रचनाकार कम-से-कम कवि नहीं हो सकता।

जिस तरह हर लेखक कवि नहीं हो सकता, ठीक उसी तरह हर रचनाकार को भी कवि नहीं कहा जा सकता। कुछ लोग अच्छी मूर्ति बना सकते हैं, अच्छी इमारत बना सकते हैं, अच्छी तोप या अच्छा हवाई जहाज बना सकते हैं, अच्छा गद्य लिख सकते हैं; वे सब अच्छे रचनाकार हो सकते हैं, उनकी रचनाएँ काव्यात्मक प्रभाव उत्पन्न करने वाली हो सकती हैं, पर उन्हें कवि शब्द से चिह्नित (अभिहित) नहीं किया जा सकता। फिर भी कोई न कोई काव्यांश उनमें होता ज़रूर है। ठीक इसी तरह उसे भी कवि नहीं कहा जा सकता जो स्थापित, प्रचलित और तथाकथित लोकप्रिय, सर्वस्वीकृत अर्थात् कविता जैसी कविता लिखता हो। कवि वह है, जो हर बार साधारण में कुछ विशिष्ट करता, और ढूँढ़ता हो, विशिष्ट कहता हो। यानी वह अब तक के अपरिचित कर्मानुभव की नयी भाषिक अनुभूति कराता हो। कवि मात्र लेखक नहीं है। पौराणिक प्रतीक का सहारा लूँ तो कह सकता हूँ कि कवि अगर व्यास हैं तो गणेश लेखक हैं। व्यास ने ब्रह्मा से अपने काव्य को लिखने के लिए लेखक माँगा था। स्वयं लिखना व्यास के अविरल कवित्व चिन्तन में एक व्यवधान था। यहाँ गणेश ने स्वयं लेखक होने को एक शर्त के रूप में परिभाषित किया है कि जब लिखना शुरू करूँगा तो फिर रुकूँगा नहीं। प्रतीक्षा करना मुझे स्वीकार नहीं। आपके बोलने में और मेरे लिखने में एक निरन्तरता होनी चाहिए। अर्थात् लेखन भी एक सनातन प्रक्रिया हो। बीच में इन्तज़ार नहीं,

विराम नहीं, हो तो बस पूर्ण विराम हो। इसीलिए व्यास के श्लोकों का अन्वय (गद्य रूप) करने पर हम पाते हैं कि वहाँ अर्धविरामयुक्त वाक्य विन्यास दुर्लभ है और पूर्णविराम वहाँ है जहाँ एक बात पूरी होती है, लेकिन तुरन्त उसी में से दूसरी बात शुरू हो जाती है और कई अध्यायों तक भाषा और छन्द की प्रवाह मैत्री महसूस होती है।

कवि की अपने लेखक के साथ बस एक ही शर्त है, जो व्यास ने गणेश के साथ रखी थी कि जो भी लिखोगे, उसे समझोगे भी। महाभारत में जब लेखक रुका है तभी कवि रुका है। इस रुकावट को व्यास ने अपनी अगली काव्य निर्मित और चिन्तन को व्यवस्थित करने में लगाया। अर्थात् कवि जब कुछ नहीं कर रहा दिखता है, तब भी वह कुछ कर रहा होता है। रसूल हम्जातोव ने भी अपने कवि होने को कुछ इसी तरह व्याख्यायित किया है। लेखक का दायित्व है कि वह जो कुछ लिखे उसे समझे भी। पद और पदार्थ को अगर लेखक नहीं समझता है तो वह यथार्थ का सिर्फ़ स्टेनोग्राफ़र बनकर रह जाता है। कविता की भी यही सार्थकता है कि अपना ही लेखक बनकर लेखक ने उसे समझ लिया हो। कथा रूपक का अभिप्राय यह है कि महाभारत में सौ दो सौ श्लोकों के बाद कुछ ऐसे श्लोक आते हैं जो बहुत कुलावे भिड़ाने के बाद समझ में आ पाते हैं। उन्हें समझने के लिए गणेश कभी घंटों, कभी दिनों तक रुके रहे हैं। लेखक अगर कविता का अच्छा पाठक भी हो तो न कविता ख़तरे में पड़ सकती है न लेखक। पाठक की समझदारी पर सन्देह किया जा सकता है। कवि की समझदारी इसी में है कि प्रतीक्षा के बाद भी नैरन्तर्य खंडित न होता हो।

यह प्रसंग मुझे साहित्य अकादेमी के उस निमन्त्रण पत्र के बाद याद आया, जिसमें मुझसे भी चाहा गया कि मैं 22 मई, 2009 को 'क्या कविता ख़तरे में है?' विषय पर दिल्ली के श्रोताओं के समक्ष अपना पक्ष प्रस्तुत करूँ।

कविता ख़तरे में आज पहली बार नहीं पड़ी है, बल्कि जब-जब मनुष्य की संवेदना घटी-बढ़ी है तब-तब वह आदिकवि के काल से ही ख़तरे में पड़ती हुई दिखती है। कविता का जन्म व्यक्ति की जगत चिन्ता से हुआ है। भारतीय माइथालॉजी में कविता का जन्म वाल्मीकि की सांसारिक चिन्ता के कारण हुआ। क्रौंच वध से यह भी ख़बर मिलती है कि हत्या और वियोग के विरोध में वह पैदा हुई। कविता स्त्री और पुरुष जोड़े के विघटन का पहला दर्द है। मारने वाले और विरह पैदा करने वाले को शापित करती है कविता। कविता बिछुड़ने के खिलाफ़ और प्रेमपूर्वक साथ रहने के पक्ष में पैदा हुई है। स्त्री-पुरुष की नैसर्गिक प्रतिबद्धता का आदिम बयान है कविता। अन्याय और दलन के विरुद्ध पहला

मानवीय वैचारिक उद्घोष कविता में ही सुनाई देता है। वाल्मीकि रामायण के प्रथम सर्ग की पहली पंक्ति है—'तपःस्वाध्याय निरतं, तपस्वी वाग्विदां वरं...' तपस्वी (वाल्मीकि) ने तपस्या और स्वाध्याय में निरत नारद से पूछा...कवि का और चिन्तक का पहला गुण है तपस्या और स्वाध्याय। कठिन श्रम और अपने अनुभव व अध्ययन से प्राप्त दृष्टि। जीवन संग्राम में संघर्ष करना ही तपस्या है। स्वाध्याय कहीं न कहीं स्वानुभव से पायी हुई प्रतिभा है।...

कविता तो उसी समय ख़तरे में पड़ गयी थी जब तुलसीदास ने उसे स्वान्तः सुखाय और स्वान्तः तमः शांतये—कहा। अपना प्रायोगिक रचनात्मक सुख जगाने के लिए और भीतर का अन्धकार बुझाने के लिए आज कितने कवि कविता लिख रहे हैं। आज कोई आलोचक के लिए लिख रहा है, कोई अपने गुट के लिए, कोई अपने कॅरियर के लिए लिख रहा है, कोई यश कमाने के लिए...अपनी अनुभव मुक्ति और युक्ति के लिए कोई नहीं लिख रहा। अगर कोई लिख रहा है तो उसकी ख़राबी और अच्छाई दोनों अचिह्नित हैं। इस अचिह्न में रचनाकार सोच रहे हैं कि 'मौनं स्वीकृति लक्षणम्'। यह उपेक्षा बताती है कि अवगुण निरोध से अब किसी का कोई सीधा रिश्ता नहीं रह गया है। यह दूध पीती बिल्ली का आँख मींचना है जो सोचती है कि अगर मैं किसी को नहीं देख रही हूँ तो तुझे भी कोई नहीं देख रहा है। अच्छे काव्य के प्रति, अच्छी पंक्तियों वाली अभिव्यक्ति के प्रति यह लापरवाही बताती है कि गुणग्राह्यता का समय लद गया है। इसीलिए कुछ लोग कविता से भी गायन का ही आनन्द उठाना चाहते हैं।

हिन्दी में काव्य आलोचना की यह हालत है कि वे सरलता के पीछे हाथ धोकर पड़े हैं। वे सरलता की जटिलता और जटिलता की सरलता में, न प्रवेश कर पाते हैं, न उसका आनन्द उठा पाते हैं। वे कानूनी धाराओं की तरह कुछ रटे-रटाये, छपे-छपाये निष्कर्ष हर रचना पर ठोंक देते हैं। सरलता का जटिल सौन्दर्य और जटिलता की गहनता को वे पकड़ नहीं पाते। कविता तो हमेशा ही ख़तरे में रही है। भर्तृहरि का दुःख याद आता है—'मनुष्य रूपेण मृगाश्चरंति'। निराला की सरलता को 'रबड़ छन्द' कहकर लांछित किया गया। मिर्ज़ा ग़ालिब और मुक्तिबोध पर भी जटिल और कठिन और न समझ में आने के आरोप लगे हैं। यह समझने वाले की समस्या है कवि की नहीं! ग़ालिब के समकालीन नवाब आगा ख़ान 'अश्क' का एक शेर इस प्रकार है—

अगर अपना कहा तुम आप ही समझे तो क्या समझे
मज़ा कहने का तब है जब एक कहे दूसरा समझे

ज़ुबाँ मीर लिखे और कलाम सौदा समझे
मगर इनका कहा ये आप समझें या खुदा समझे।

आज की कविता पर भी यही आरोप दोहराया जाता है। लेकिन इसमें समझने की बेचैनी के अलावा यह भी देखने लायक है कि ये शेर ग़ालिब की शैली से ही प्रभावित हैं। अब उनको समझाएँ क्या?

कविता, सोचने-समझने और कहने की, मनुष्य को प्राकृतिक आज़ादी देती है। पाणिनि जैसे महान भाषा विज्ञानी पर भी व्यंग्य किये गये हैं—

नपुंसकं इति मत्वा, प्रियाय प्रेषितो मनम्।
तत्तु तत्रैव रमते, हत्वा पाणिनिनः वयम्॥

पाणिनि ने 'मन' शब्द को नपुंसक लिंग माना। यही मानकर हमने भी एक सुन्दर स्त्री के पास अपना मन भेज दिया। कमबख़्त वह तो वहीं रम गया। इस पाणिनि ने हमें मरवा डाला।

कविता ने मनुष्य की चेतना को राजनीतिक क्रान्तियों से पहले ही स्वाधीन कर लिया था। ऐसी स्वाधीन चेतना के मनुष्य ही राज्यसत्ता में लोकतन्त्रीय पद्धतियों के स्वप्न देख पाये। लेकिन हमें यह भी नहीं भूलना चाहिए कि कविता समाज की विसंगतियों से न जूझने वाले निरे सौन्दर्यवादी कवियों के कारण भी युगों तक ख़तरे में पड़ी रही। वहाँ भाषिक कौशल तो है पर पिंजड़े के पंछी मनुष्य का युद्ध और विलाप नहीं है। परिणाम यह हुआ कि कविता सम्राटों और सामन्तों से प्रशंसा, पुरस्कार और आश्रय पाने में जुटी रही। कवि और कविता की स्थिति इतिहास में बहुत बार गैलीलियो जैसी रही है। कविता अपने क़द्रदानों की वजह से ही नहीं बल्कि अपने रचयिताओं के कारण भी ख़तरे में पड़ी है। आत्मध्वंस से शुरू होने के कारण भी कविता हमेशा ही आपद्धर्म में दिखती है। संगीत और नृत्य जैसी आदिम विधाओं को जो कविता अपने काम की नहीं लगती, उसकी अनुशंसा, संरक्षण और प्रसार के लिए प्रबुद्ध पाठकों की जमात का होना बहुत ज़रूरी है। अगर कहीं एक अच्छी आहरणीय और व्यवहरणीय कविता आती दिखती है तो तुरन्त उसका नोटिस लिया जाना, आज दुर्लभ जन्तु की तरह कविता को बचाने के लिए ज़रूरी है। अगर हमने एक बार इसे खो दिया तो फिर कृत्रिम अंडे से इसे पैदा नहीं किया जा सकेगा। संवेदना के पसीने से पैदा होने वाली कविता को किसी तकनीक से पैदा करना सम्भव नहीं। अच्छी कविता को अकेले व्यास जैसे कवि की ही नहीं गणेश जैसे सुधी लेखक की भी ज़रूरत है।

हमेशा से ही बौद्धिकीकरण को कविता के लिए ख़तरा बताया जाता रहा है। लेकिन यह भी सच है कि बिना अतिरिक्त बौद्धिक आनन्द के कविता में रसोद्रेक हो नहीं पाता। प्राचीन काल में एक काव्य पर कई टीकाएँ अर्थात् व्याख्याएँ आती रहती थीं। बहुत-सी टीकाएँ जो पहले हुई टीकाओं से बहुत भिन्न नहीं होती थीं, उनके लिए कहा जाता था कि वे 'तिलकस्योपरि तिलकम्' हैं। अर्थात् एक तिलक के ऊपर दूसर तिलक। न पहला टीका दिख रहा है न दूसरा, बल्कि थोड़ी-थोड़ी झलक दोनों मार रहे हैं। किसी तिलक (टीका) का समग्र स्वरूप नहीं बन रहा है। तब कहा जाने लगा कि विद्वान कविता के लिए ख़तरा हैं। सहृदय चाहिए। जब सब कुछ नित्य नवीन होने को आतुर हो, तो कविता पुरानी जैसी ही क्यों रह जाये? जिसके स्वभाव के लिए कालिदास ने कहा कि वह हर क्षण नवता को प्राप्त होना चाहती है। इसीलिए उसमें ऐसी शक्ति भाँपी गयी है कि पुरानी होते हुए भी वह समकालीन होने की शक्ति रखती है।

आधुनिक कथा और उपन्यास साहित्य की उम्र अभी दो-ढाई सौ साल से ज्यादा नहीं हुई है। कितने उपन्यास और कितनी कहानियाँ पाँच सौ साल की अवधि लाँघ पायेंगी—अभी से कुछ कहा नहीं जा सकता। कविता हज़ारों साल की यात्रा पूरी करने के बाद भी आधुनिक मानवता के विमर्श में शामिल है। कथाएँ भी कविता के फार्म में होने के कारण सदियों तक पढ़ी जाती आ रही हैं। कविता की मृत्यु भी लगभग ईश्वर की मृत्यु की तरह है, जिसे कई बार अंजाम देने के बाद भी यह सुनिश्चित नहीं हो पाता है कि ईश्वर सचमुच मर गया है। कविता भी सभ्यताओं के दौर में मरती हुई या मारी जाती हुई दिखेगी, लेकिन वह मरेगी नहीं, क्योंकि उसमें मनुष्य की प्रथम अभिव्यक्ति के बीज छिपे हैं। वे बीज अनुभव, अनुभूति और संवेदना का खाद पानी मिलते ही फूट आयेंगे। नयी भाषा में शब्दों की नयी संगति, सामाजिक परिपाटियों में बदलाव की सूचना देगी। भाषा में क्रान्तिकारी विचलन मनुष्य के सामाजिक तनाव का परिणाम होगा। मन के तनाव के बिम्ब भाषा में दिखेंगे।

हमें यह भी देखना चाहिए कि कविता को ख़तरे में कौन देख रहा है और कहाँ से देख रहा है—यह महत्त्वपूर्ण है। सृष्टि में मनुष्य की चेतना, भाषिक अभिव्यक्ति के स्तर पर पहले पहल कविता के माध्यम से ही प्रकट हुई है। कविता मानवीय चेतना के वैचारिक सम्प्रेषण का पहला साक्ष्य है। इस दृष्टि से कविता ने हर युग में अपना कायाकल्प किया और पुनर्नवा बनकर वह मनुष्य सभ्यता के बीच मौजूद रही है। अब अगर आज कुछ लोगों को यह लगा है कि कविता ख़तरे में है, कविता मर चुकी है या मर रही है या कविता अब नहीं चलेगी, क्योंकि लोगों

को उसकी ज़रूरत नहीं रह गयी तो—इस दुर्भाग्यपूर्ण अवधारणा से सहमत नहीं हुआ जा सकता। क्योंकि मरने वाला अगर यह कहे कि पूरी दुनिया मरने वाली है तो यह एक आवेश- पूर्ण सच के अलावा बची हुई दुनिया को सबसे बड़ा झूठ लगता है। क्योंकि जीवन और मृत्यु एक क्रमिक प्रक्रिया है।

सबसे बड़ी बात सोचने की यह है कि कोई क्यों कह रहा है कि कविता ख़तरे में है? कहने वाला या तो सबसे बड़ा कविता प्रेमी है या कहने वाला कविता को उसके कालधर्म और युगीन सौन्दर्य के साथ उसे समझने में कठिनाई महसूस कर रहा है। बजाय इसके कि एक अच्छी कविता की रचना की जाय, यह कह देना सबसे आसान है कि कविता ख़तरे में है। ख़राब कविताओं के बीच में से एक अच्छी और सम्भावनाशील कविता को उठाकर सबसे परिचित कराया जाये, बजाय इसके कि उसकी मृत्यु की घोषणा की जाये। दरअसल, कविता की मृत्यु में कवि होने की सम्भावनाओं की भी मृत्यु छिपी हुई है। कुछ लोगों को लगता है कि आज अगर कविता मर भी जाती है तो पुराने समय में हमारे पास बहुत कविता है, ज़रूरत पड़ी तो वहाँ से कविता ले लेंगे। अब साहित्य की दूसरी कमाऊ विधाओं से खा-कमा लिया जाये। कविता कम बिकती है और घाटे का सौदा है, इसलिए कविता अगर ख़तरे में पड़कर ख़त्म भी हो जाती है तो हो जाने दो। मित्रो! यह वैसी ही बात होगी जैसे कोई कहे कि जड़ अगर सूख गयी तो कोई बात नहीं पेड़ तो हरा है। कविता के बिना साहित्य का यह पेड़ कितने दिन हरा रह पायेगा? काव्य एक तत्त्व है, मात्र विधा नहीं, उसके बिना भाषा का सारा संसार नीरस और निर्जीव हो जायेगा।

मैंने भी कुछ असफल कथाकारों और उपन्यासकारों को इस तरह की लापरवाह घोषणाएँ करते हुए सुना है कि कविता ख़त्म हो गयी है। बहुसंख्यक होने के नाते वे हमेशा हल्ला मचाये रहते हैं कि कविता चिन्तन और विचार के केन्द्र में क्यों रहती है? जब कोई नहीं था तब कविता थी और जब बहुत कोई है तब भी कविता है। कविता हमेशा साहित्य के केन्द्र में रही है और जीवन की समालोचना को सबसे पहले प्रभावित करती है। वे यह भूल जाते हैं कि कविता शुरू से गद्य रही है। गद्य शब्द 'गद्' धातु से बना है और इसका अर्थ होता है 'बोलना'। कविता ने मनुष्य के बोलने को सबसे पहले उत्कृष्टता प्रदान की है। पद्य तब रचा गया था जब लिखने-पढ़ने के काग़ज़ी साधन नहीं थे। तब मनुष्य की स्मृति ही काग़ज़ थी। स्मृति की सहायता के लिए ख़ास तरह के लयात्मक पदों की रचना की गयी। आज याद रखने का कुछ काम मनुष्य करता है, कुछ मशीन करती है, कुछ लिखे हुए काग़ज़ करते हैं इसलिए कविता अपने मूल

स्वभाव, गद्य के बहुत पास आ गयी है। भाषा ने अपने बहुत से अलंकार छोड़ दिये हैं। अब सिर्फ़ गद्य बनाम पद्य का ज़माना है। अब देखना यह चाहिए कि कब-कहाँ कोई गद्य, कविता की बीज शक्ति को प्राप्त कर रहा है। कर भी पा रहा है या नहीं। इसमें कोई सन्देह नहीं कि सबसे अच्छा गद्य आज कविता में लिखा जा रहा है। कविता को अनुभव और भाषा के अर्क के रूप में देखना चाहिए मात्र साहित्य की एक विधा के रूप में नहीं। कविता, स्मृति की एक विधा रही है इसलिए धर्म, आयुर्वेद, गणित और इतिहास ने भी स्मृति संरक्षण के लिए एक समय कविता के शिल्प और गल्प का आश्रय लिया है। विचार की अभिव्यक्ति में कविता के कौशल का, मनुष्य के आदिकाल से ही साथ रहा है। वाल्मीकि रामायण इस बात की गवाही देता है कि कविता का जन्म व्यथा की कथा कहने के लिए हुआ है। कविता का उपजीव्य है कोई न कोई कथा। कहानी से कविता का कोई बैर नहीं है।

आज खराब कविताओं के बारे में जितनी चुप्पी है उससे कहीं ज्यादा खामोशी अच्छी कविताओं के बारे में है। आज पाठक के खराब होते जाते संस्कार के बारे में कहीं कोई चिन्ता या विमर्श नहीं दिखाई देते। अच्छा कवि पैदा होना ही नहीं अच्छा पाठक पैदा करना भी हमारी इच्छाओं में शामिल हो जाना चाहिए। पाठक को उसके काव्य संस्कार की जड़ता या जकड़बन्दी के बारे में रचनाकारों द्वारा बताया जाना चाहिए। मैं संस्कारबद्ध और अल्पज्ञ पाठक को निर्णायक नहीं मानता। जो अपने को निरन्तर संस्कारित नहीं कर रहा है, वह चाहे रचनाकार हो चाहे पाठक, दोनों ही नयी रचनाधर्मिता के विरुद्ध हो जायेंगे। बहुत से कवि और पाठक अपने संस्कारों, अपनी आदतों और अपनी अभिरुचियों को माँजते रहते हैं। बहुत से नहीं माँजते। ये जो अमार्जित लोग हैं, वे सहमत होने लगते हैं कि कविता ख़तरे में है। क्योंकि जैसी कविता वे समझने के आदी हैं, वैसी कविता आज की कविता नहीं है। कुछ मँजे हुए कवि और पाठक ही परिमार्जन की स्वतःस्फूर्त परम्परा को जोखिम लेकर आगे बढ़ाते दिखते हैं।

कविता को कुछ लोगों ने सिर्फ़ एक शिल्प मान लिया है। कविता को शिल्प से नहीं भाषा के नवाचार और कथन की भंगिमा और अर्थ गौरव से पहचाना जाना चाहिए। देखना चाहिए कि भाषा की विपुल उपस्थिति के बावजूद कविता बनी कि नहीं बनी? पहले का जाना सुना कहीं फिर से तो नहीं कहा जा रहा है? कविता ख़तरे में है, क्योंकि ख़बरों में और कविता में कोई अन्तर नहीं रह गया है। समाचार-पत्रों के निष्कर्ष और कविता के निष्कर्ष एक जैसे ही रहे हैं। अच्छी कविता और अच्छे कथा साहित्य को पुरस्कार मिले या न मिले, लेकिन

उसे अच्छा आलोचक मिलना सौभाग्य की बात है। आलोचकों की वजह से रचनाओं का छिपा सौन्दर्य अच्छे पाठकों तक पहुँचता है। लेखक को भी लिखने का उत्साह और प्रयोग करने की शक्ति प्राप्त होती है। पुरस्कार से ज्यादा महत्त्वपूर्ण है रचनात्मक विमर्श। 'लोहे का स्वाद लोहार से मत पूछो, उस घोड़े से पूछो, जिसके मुँह में लगाम है', कविता इस तरह एक रचनात्मक विमर्श सौंपती है, पर आलोचना उसे आगे बढ़ाती नहीं दिखती।

'पेट और प्रजातन्त्र के बीच आदमी दरार की तरह खड़ा है और बवंडर हर दरवाज़े पर पर्दे की तरह पड़ा है।'

यह पर्दा बतर्ज़ अक़बर इलाहाबादी अक्ल पर आलोचकों की पड़ गया क्या? यह भी हो सकता है कि इस समय लिखा जा रहा साहित्य आलोचना के काबिल ही न हो? आलोचना माने निन्दा नहीं आलोचना माने भाव और अर्थ का पुनर्निर्माण। आलोचना भी ख़तरे में है।

आज तमाम तरह के सम्पर्क माध्यमों का चरमोत्कर्ष पर पहुँचा हुआ ज़माना है। इस ज़माने में कविता को केवल अभिव्यक्ति का माध्यम कहकर हम कहीं न कहीं उसके व्यापक और बड़े उद्देश्य को नुकसान पहुँचा रहे हैं। यह अर्थाघात् भी कविता को कमज़ोर बना देता है। कविता, आन्तरिक और बाह्य के बीच सम्पर्क साधने वाली ऐसी विधा है जिसमें (निराला के शब्दों में कहूँ तो) 'मौन मधु हो जाय'।

यह जो रचनात्मक मधुपर्क और शहदीला सम्पर्क है, यह कविता की बाह्याभ्यन्तर निष्पत्ति है। यह किसी दूसरी विधा या माध्यम से नहीं मिल सकती। कविता की खूबी यह भी है कि वह अपने में ही अपना उद्देश्य भी है। वह साधन और साध्य दोनों है। इसलिए कवियों को अभिव्यक्ति की ज्यादा बड़ी चुनौतियों का मुकाबला करना पड़ता है। आज इस बात पर भी ज़ोर देना चाहता हूँ कि कवियों का जन्म लेना कहीं बन्द न हो जाये। कवि नहीं होंगे तो कविता कहाँ से होगी? समय और समाज की परिस्थितियाँ अपने कवि को दूसरा जन्म देती हैं, पहला जन्म तो कवि को पुराने कवि देते हैं। किसी भी कवि की 'कवि मानसिकता' का जन्म पुराने कवियों से होता है। पुराने कवि हमारे चित्त का हरण करते हैं। पुराने कवि किसी कवि को कुछ कहने के लिए उकसाते हैं। उसे आत्मविश्वास और ढाढस देते हैं कि तुम भी ऐसा कुछ कह सकते हो। पुराने कवि नये कवि को कविता में फँसाते हैं। पुरानों के उकसाये हुए कवि मन में, धीरे-धीरे एक नये कवि रूप का जन्म होता है, जो कवि की ज्ञानात्मक स्मृति और सामाजिक नवाभिव्यक्ति के द्वन्द्व का परिणाम होता है। उस नये कवि को नयी भाषा और

नयी कथन भंगिमाओं की लालसा बेचैन किये रहती है। वह पूर्वज कवियों के खूँटे से मुक्त होने का संघर्ष करता है। यह मुक्त होने की शक्ति भी पूर्वज कवि अपना वैविध्य दिखाकर देते रहते हैं। काव्य की एक पूँजी अभिव्यक्ति की विविधता भी है। कविता की एक विशेषता यह भी है कि वह परम्परा से इसलिए जुड़ती है कि उसमें परिवर्तन करना है। इसमें कोई शक नहीं कि आजकल कविताएँ एक ही तरह से एक जैसे कलेवर में आ रही हैं। अलग-अलग कथ्यों का भी कलेवर एक है। अपनी आवयविक भिन्नता के लिए कवि को प्रत्येक अनुभव के साथ अभिव्यक्ति का अलग-अलग संघर्ष करना होता है। वही संघर्ष कविता के छन्द, लय और ऊहापोह को बदल देता है। ऐसा लगता है कि आधुनिक कवियों ने पुरानों को पढ़कर, समझकर उनकी खूबियों और शक्ति के औज़ारों से अभी अपनी मरम्मत करनी नहीं सीखी है। यही स्मृति की टेक्नोलॉजी है। पुरानों से मुक्ति के लिए एक बार उनसे संपृक्ति ज़रूरी है। तभी उनकी सम्पदा और छुपी हुई शक्तियों के खज़ाने की सारी जानकारियाँ प्राप्त की जा सकती हैं, अन्यथा अपना रचना संसार अद्वितीय नहीं हो पायेगा। अपनी अद्वितीयता के लिए पिछलों की तलाशी बहुत ज़रूरी है। कविता असल में पर-दुखानुभूति (दूसरों के दुःख में सहभागिता) की भी विधा है इसीलिए वह हमें सुख की तलाश के लिए प्रेरित करती है। अज्ञेय के शब्दों में कहूँ तो—'दुःख सबको माँजता है'। आज अगर कविता ख़तरे में है तो यह महादुःख भी हमें माँजेगा। अच्छे कवियों की प्रतिभा से कविता ख़तरों से खेलते हुए खिल उठेगी।

आज कविता की पहचान कुछ लोग कविता से नहीं कवि के व्यक्तित्व से करना चाहते हैं। कुछ लोग यह शंका प्रकट करते हैं कि आज कवियों का कोई व्यक्तित्व नहीं बन पा रहा है। जैसा कि निराला और अज्ञेय का व्यक्तित्व था। किसी भी व्यक्ति की शारीरिक संरचना से उसके व्यक्तित्व की पहचान करना बहुत स्थूल बुद्धि से काम लेना है। दरअसल, व्यक्तित्व शायद कृतित्व और आन्तरिक समझ की झंकार सुनने से समझ में आता है। कैमरे के ज़माने में जिन कवियों का जन्म नहीं हुआ, उनका व्यक्तित्व हमने उनके काव्य की विषय-वस्तु, जीवन संघर्ष और उसकी भाषिक प्रस्तुति के आधार पर बनाया। चाहे सूर का चित्र हो, चाहे कबीर, तुलसी और मीरा का। चित्रकार ने कबीर की कविता से कबीर का पोर्ट्रेट विकसित किया। कभी कबीर को मोरपंख सिर पर खोंसे हुए चित्रित किया गया, कभी ठड्डी पर ताना-बाना साधते हुए उन्हें दिखाया गया। उनका यह व्यक्तित्व उनकी कविता ने हमें दिया है। निराला, अज्ञेय और मुक्तिबोध के कैमरे से खिंचे हुए चित्रों में लम्बे बाल, तराशी हुई दाढ़ी और बीड़ी पीते हुए

कमज़ोर चेहरे को हमने उनका व्यक्तित्व मान लिया। उनकी रचनाओं से जो उनका व्यक्तित्व बनता है, वह अभी उकेरा जाना शेष है।

कबीर सूत कातते थे, कपड़ा बुनते थे, कपड़ों की रंगाई भी करते थे। अपने उत्पादन को कबीर बेचते भी होंगे। कपास और सूत खरीदते भी होंगे। मोल-भाव भी करते होंगे। अपने बनाये माल पर कुछ मुनाफा भी कमाते होंगे, लेकिन एक दुकानदार या बनिये की छवि कबीर की नहीं बनती है। अच्छा हुआ उस समय कैमरा नहीं था, नहीं तो ठेली पर सामान बेचते हुए कबीर का चित्र भी हमारे पास होता। पर क्या वह कबीर के आन्तरिक व्यक्तित्व का चित्र होता? कबीर को एक मुनाफ़ाखोर जुलाहे के रूप में हम चित्रित नहीं कर सकते, लेकिन इससे इंकार भी नहीं कर सकते कि कबीर अपने परिश्रम का मूल्य पहचानते थे और उसे लोगों से बिना लालच के वसूलते भी थे। उन्होंने खुद कहा है कि–

साईं इतना दीजिए, जामे कुटुम समाय।
मैं भी भूखा न रहूँ और साधु न भूखा जाय॥

आज के कवियों के व्यक्तित्व की पहचान समय की सीमाओं को लाँघते चले जाने के बाद होगी। कुछ व्यक्तित्व माचिस की तीली की तरह तत्काल जल उठते हैं और उतनी ही जल्दी बुझ जाते हैं। बावजूद इसके 'क्षणमपि ज्वलितं श्रेयं न च धूमायते चिरम्'। मैं कहूँगा कि कुछ जाज्वल्यमान अल्पजीवी भी समय की परतों से बाहर आकर अचानक दीर्घकाल तक उजाला देने वाले व्यक्तित्व बन जाते हैं। कृतित्व से बनने वाले व्यक्तित्व की परम्परा इधर कुछ आहत हुई है। रचनाकार का यशःकाय भी बनते-बनते बनता है। कृतित्व ही रचनाकार की कीर्ति-काया है।

आधुनिक कवियों ने मध्यकालीन कवियों की तरह अपनी पहचान नहीं कराई। उनमें बहुत से अच्छे कवि हैं जिन्होंने कविजनोचित उपनाम भी धारण नहीं किये। मध्ययुग के कतिपय कवियों की तरह उन्होंने अपने जीवन के मोर्चे पर एक ग़ैर- जिम्मेदार और पलायनवादी रुख नहीं अपनाया। आधुनिक कवियों ने अपने नागरिक रूप को प्राथमिकता दी और वेश-भूषा मात्र से ही कवि दिखने का प्रयास नहीं किया। कुछ लोगों को इन्हीं सहज होने के प्रयासों में कवि का व्यक्तित्व दिखाई नहीं देता? इन व्यक्तित्वहीन कवियों का कृतित्व कैसा है? इस ओर कोई ध्यान नहीं दे रहा। आज ज़रूरत है कृतित्व से कवि का व्यक्तित्व पहचानने की। फिर भी कविता को ख़तरे में देखने की चिन्ता बताती है कि हम अभिव्यक्ति और मानवीय प्रयत्नों की स्मृति से जोड़ने वाले कविता के बुनियादी कौशल के आत्मानुभूति और संवादप्रियता को न भूलना चाहते हैं, न नष्ट होने

देना चाहते हैं। कविता को ख़तरे में देखने की असली चिन्ता बताती है कि कविता ने संसार में जीवन का जो बौद्धिक प्रतिसंसार रचा है, उसे हम अपने समय में फिर से सम्भव होते हुए देखना चाहते हैं। सुनना और समझना चाहते हैं। अन्त में एक बात का उल्लेख और करूँगा कि कवियों ने कहानियाँ, निबन्ध और उपन्यास भी लिखे हैं। निरे कथाकारों को भी कुछ कविताएँ लिखकर अच्छी कविताओं के नमूने प्रस्तुत करने चाहिए। आज सम्पूर्ण गद्य साहित्य लगभग प्रयोग रहित स्थिति में लिखा जा रहा है। रचनाकारों को कुछ और जोखिम उठाने के लिए ललकारे जाने की ज़रूरत है। तभी ख़तरों का मुकाबला किया जा सकता है। कवि अगर कविता के ख़तरों को समझ लेंगे तो कविता ख़तरा उठाने के लिए अपने ख़तरों से बाहर आ जायेगी। 'ख़तरे उठाने ही होंगे, तोड़ने ही होंगे मठ और गढ़, सब।'

उस रास्ते से मत जाइए...

जब भी कविता की बात चलती है तब उसके पीछे जो अन्तर्निहित मन्तव्य होता है वह किसी अनजाने अनुभव के भाषिक रहस्य को एक बार फिर से किसी कवि के मार्फत जानने का होता है। भाषा का उपभोक्ता और लापरवाह रूप मीडिया में हमें पढ़ने-सुनने को मिलता है। कविता में अथवा साहित्य में हम उससे कुछ भिन्न मन्तव्य वाली भाषा पाना चाहते हैं लेकिन मीडिया की भाषा भी ज़रूरी है क्योंकि वह मनुष्य समाज के दैनिक इतिहास से टकराती है। अखबार को मैं एक दैनिक इतिहास मानता हूँ। इस तरह हमारी प्रत्येक तारीख इतिहास में जाने का दैनिक उपक्रम रचती है। लेकिन मीडिया भाषा का उत्पत्ति स्थल नहीं बल्कि उपभोग स्थल है। वह कविता, कहानी, नाटक और निबन्ध आदि सभी रचनात्मक विधाओं का कबाड़खाना है। यहाँ साहित्य रचनात्मक भाषा का उत्पत्ति स्थल है। इसलिए मीडिया कभी प्रतिमान नहीं बन सकता। वह सूचनाओं का श्मशान और कब्रगाह भी नहीं है बल्कि मीडिया समाज का दैनिक चेहरा है।

कविता स्वयं में जीवन की अभिव्यक्ति का साधन भी है और साध्य भी। लक्ष्य भी है और उद्देश्य भी। आत्मा भी है और चेतना भी। कविता अनुभूति भी है और अनुभव भी। कविता आत्मसंवाद के साथ-साथ जीवन पद्धति की आन्तरिक खबर भी है। कविता खबर भी है और खबर का कारण भी। कविता के शिल्प और गल्प में बहुत से मानवीय संवेदनात्मक आवेग गुँथे हुए हैं, जो किसी अभिज्ञान तक जाना चाहते हैं। वे अभिज्ञान जो हमारी क्षीण होती स्मृतियों का नतीजा हैं। इसीलिए मैं कहता हूँ कि कविता को केवल भाषा में ही नहीं ढूँढ़ा जाना है बल्कि उसका सम्पूर्ण रूप हमारे सोच-विचार और व्यवहार की विडम्बनाओं में भी देखा जाना है, जहाँ हम अपने सारे अलंकारों को कविता से पहले खो चुके हैं। कविता उस खोने की अवस्था में कुछ महत्त्वपूर्ण पाने का वह मानसिक संघर्ष है जो स्वयं अपना सौन्दर्य रचता है, जो हमें फिर से भाषा के माध्यम से अपनी मरम्मत के लिए उकसाता है। अपनी मरम्मत के असुन्दर क्षण को किस तरह एक व्यक्ति किसी वैचारिक अनुभूति के साथ अपने लिए सुन्दर

बनाने की आन्तरिक और बाह्य चेष्टाएँ करता है। शायद वही अभिव्यक्ति का वह सुखद क्षण है जो व्यक्ति को अनुभव और उसकी संवेदना से रचता और वाचिक-वैचारिक रूप में परिचालित करता है।

कविता में कथा-साहित्य के नियम और परिणाम यथावत ज्यादा काम नहीं आ सकते। क्योंकि बहुत सारा कथा-साहित्य देखे हुए का हू-ब-हू वर्णन मात्र होता है। अन्तर्दृष्टि का द्वन्द्व वहाँ अन्तिम परिणाम में दिखाई देता है कविता की तरह हर कदम और सीढ़ी पर नहीं। कविता में कभी-कभी और कहीं-कहीं किसी कवि विशेष में मानवीय अभिव्यक्ति का गहरा मनोविज्ञान देखने को मिल सकता है। जबकि कविता में भी आजकल गहराई और अनजाने को जनवाने की कवि दृष्टि का अभाव बढ़ता जा रहा है। फिर भी जहाँ अच्छी कविता किसी नये-पुराने से घटित हो रही है वह एक चमत्कारिक स्पर्श देती है। बुद्धि के लिए आज भी स्पर्श चरम वाचिक और आत्मीय है। उसका स्पन्दन जीवन के यथार्थ, अति यथार्थ और अयथार्थ के द्वन्द्व को जाग्रत करता है। वह कविता, व्यक्ति को भी समाज से कमतर नहीं आँकती। अच्छी कविता के लिए कुछ भी त्याज्य नहीं है। अच्छी कविता अच्छाई के पीछे भी भागती है और बुराई का भी पीछा नहीं छोड़ती। अच्छी कविता भाषा में से अभाषा और विभाषा को पकड़ने की कोशिश करती है। अच्छी कविता बने-बनाये समुद्र को प्राथमिकता से सँभालने की अपेक्षा बूँदों को सँजोने के पीछे ज्यादा तत्पर और मशगूल दिखती है। अच्छी कविता के लिए हिमालय के मुकाबले ठीकरा भी त्याज्य नहीं है। मामूली चीज़ों की विशिष्ट दुनिया देखनी है तो आज भी वह कुछ अच्छी कविताओं में देखने को मिल जाती है। रचनात्मक गप्प मारता और अथार्थ में यथार्थ की अनुभूति कराता गल्प साहित्य अब दिखता नहीं। व्यंग्य में वह धार नहीं रह गयी है जो अपने समय की समस्या और अपने देश के स्वाध्याय से पैदा होती थी। सब बाज़ार और बहुराष्ट्रीयता के सपाटपन के शिकार हो रहे हैं। स्थानीयता का भी एक वैश्विक चरित्र होता है और वह प्राचीनतम काल से ही साहित्य में उपस्थित रहा है। लेकिन आज साहित्य में भी क्षेत्रवाद और जातिवाद की आधुनिकता के नाम पर रोपाई की जा रही है। अभी तक मात्र मनुष्य जाति के आदरभाव की स्थापना नहीं की जा सकी है।

अपनी कविता के बारे में मैं क्या कहूँ? कविता में ही सब कुछ कहने के चक्कर में मैं कविता को क्या बनाना चाह रहा हूँ और कविता मुझे किस तरह बना रही है यह तो कोई दूसरा मर्मज्ञ ही बता सकता है। अपने बारे में प्रचार-प्रसार के अन्य कारणों से प्रसिद्ध कथाकार की तरह मैं अपने बारे में सबूत जुटा-जुटकार छपवाने में विश्वास नहीं रखता।

अभी तक हिन्दी में जो कुछ अच्छी कविताएँ आयी हैं उनमें अवगाहन करने के बाद जो स्मृतिवान सुपठित आलोचक आयेगा, वह बता पायेगा कि असुन्दर को भी सुन्दर बनाने और मामूली को भी महत्त्वपूर्ण भूमिका में किस तरह आज की कविता ने देखा है। आज की कविता है ही नगण्य को उसकी मानवीय संवेदना के साथ गण्य में पहुँचाने वाली विधा। कविता ने भले ही सिर खुजलाने वाले और कोहनी मारने वाले पाँच-पाँच सौ पेज के औपन्यासिक संग्रह न निकाले हों लेकिन कविता ने घास के बीच से लेकर नष्ट होते हुए सांस्कृतिक अन्न के सारे बीच सँभाले हैं। इस छोटे भंडार में पूरा संसार और सभी मानवीय-अमानवीय सम्बन्ध इकट्ठे साँस ले रहे हैं। पर कविताओं ने अपने इस भंडार की कुंजी हो सकता है कि खो दी है। चाभी बनाने वालों की आगे भी कमी नहीं रहेगी पर उन्हें यह तो पता हो कि कहाँ-कहाँ वह बड़ा काम छिपा हुआ है, किन-किन गुप्त तालों में। एक बार फिर से वह माहौल बनाने की ज़रूरत है कि प्रत्येक अच्छी कविता की हर विद्वान एक समीक्षा अपने दृष्टिकोण से प्रस्तुत करे। तभी खोट भी दिखेंगे और खरापन भी। वरना पत्रकारिता नुमा फीचर लेखन जैसी आलोचना केवल सूचना बनकर दम तोड़ देगी। यह सारांश लेखन आलोचना की गति और आलोचक की मति को अवरुद्ध कर रहा है। उस रास्ते मत जाइए जहाँ से महाजन गये बल्कि उस रास्ते से रचना तक जाइए जहाँ से दुर्जन और दुर्घटनाएँ गयी हैं। शायद नयी साँसों के लिए धड़कते हुए संघर्षरत जीवन की भाषा वहाँ मिल जाये और आलोचक को भी नया जन्म मिल सके।

मेरे बहाने यदि कोई भोगा-भुगता और अध्ययन जुगता आलोचक कविता का पीछा करेगा तो उसे अपनी निराशा से भी अच्छे परिणाम मिल सकते हैं बशर्ते कि वह दुख, प्रगति, सुख और संवेदना में उस काव्यतत्त्व की खोज कर रहा हो जो भाषा के साधारण अभिव्यंजन में प्रयुक्त शब्दों को महाकाव्य बना देता हो।

'जितने लोग उतने प्रेम' नामक इस संग्रह में कोशिश रही है कि प्रेम को केवल प्रेम की बनी-बनायी अवधारणाओं तक ही सीमित न रहने दिया जाये।

सारा जगत व्यापार यहाँ तक कि घृणा, लगाव, बाजार और परिवार सहित गले पड़े फूल भी अपना नाम और काम भूलकर, शत्रु से मुकाबला करने की तरह एक नये प्रेम की तैयारी करते दिखते हैं। अधःपतन की उज्ज्वलता पहली बार महसूस करते हुए नये जूते पहने आत्मा भी यहाँ दुविधा में टहलती दिखती है। दुख, ग़रीबी और आज़ाद विवशता के रस से पैदा भाषा भी अपने वैचारिक जीवन को जान-बूझकर खिंचाये गये फोटो की अदृश्य कथा में ढूँढ़ रही है। जितनी घटनाएँ और जितने लोग इन कविताओं में आ सके हैं उतनों का पछतावा और

प्रेम अपने सुबकने की ध्वनि को भी एक पदार्थ की तरह देखते हुए दिखाई देते हैं। तब भी नीरस जीवन में सरस कवि की दुख-प्रफुल्ल कविता अपने शब्दों का प्रेम में निवेश करने का दुस्साहस बनाये रखने के लिए जूझ रही है।

जीवन भाषा के नये अनुभव, नये औज़ार किसी आलोचक को इन कविताओं में तभी मिल सकते हैं जब वह शब्द सन्दर्भ की संवेदना के माध्यम से नये रास्ते बनाना जानता हो और किवाड़ों वाली परिकल्पना के नये दरवाज़े खोलना भी।

रचना प्रक्रिया से जूझते हुए

'रचना प्रक्रिया' यह वाक्य ही मुझे बुढ़ापे का ख़याल दिला देता है। जब तक सब अज्ञात रहता है तब तक लगता है, युवा हैं। लेकिन रचनाकार यह एक ऐसी 'उपाधि' है जिसे आयुर्वेद में दिमाग़ी बीमारी कहा जाता है। व्याधि शरीर की बीमारियों का नाम है और 'उपाधि' दिमाग़ की बीमारियों का। यह सौभाग्य की बात है कि यहाँ सब उपाधिधारी मौजूद हैं। ऐसे ही 'स्नातक' शब्द भी बना है। यह ज्ञान के स्नान से बना है। गुरुकुल परम्परा में छात्र को शिक्षा प्राप्ति के उपरान्त विदाई का स्नान कराया जाता था। जिसके बाद वह किसी भी तरह के वस्त्र पहन सकता था और अपनी दिनचर्या अपने ढंग से निर्धारित कर सकता था। गुरुकुल में इस विदा स्नान के संस्कार के बाद ही उसे 'स्नातक' कहा जाता था।

कवि, लेखक या चित्रकार इत्यादि बनने का निर्णय व्यक्ति का खुद का निर्णय होता है। न समाज उसकी नियुक्ति करता है, न गुरुकुल उसका निर्माण करता है, न कोई इसकी रजिस्टर्ड ट्रेनिंग होती है; न वह उसके एवज़ में वेतन पाता है। व्यक्ति का अपना अध्ययन और संघर्ष है कि वह शौकिया मजबूरी में अपने जीवन को सामाजिक दुश्चिन्ताओं को भी सौंप देता है। कवि और लेखक होने के लिए वैसे किसी स्नान से नहीं गुज़रना पड़ता है। फिर भी उसे 'कवि' और 'लेखक' की 'उपाधि' (जिसका अर्थ मैं आपको बता चुका हूँ) से गुज़रना ही पड़ता है। कवि और लेखकों को दण्ड तो दिया जा सकता है पर यदि कभी उन्हें कोई पुरस्कार मिल जाये तो कुछ लोग उसे भी दण्डनीय बना देते हैं।

मैं कहना चाहता हूँ कि रचना प्रक्रिया का बखान करना कोई अच्छी-सी, आदर्श-सी चीज़ नहीं है। रचना की प्रक्रिया भी रचनाकार के जीवन में एक घटना या दुर्घटना की तरह घटित होती है। हर रचना के साथ उसका भला-बुरा इतिहास जुड़ा रहता है। घटना, दुर्घटना, अनुभव, अनुभूति इत्यादि को मिलाकर देखें तो वहीं-वहीं से रचना प्रक्रिया शुरू हो जाती है। क्योंकि रचना क्रिया होते हुए भी प्रतिक्रिया ज्यादा है। इस प्रकार क्रिया-प्रतिक्रिया की एक मानसिक प्रक्रिया का निर्माण करने लगते हैं। कहते हुए संकोच हो रहा है लेकिन कह ही देता हूँ

कि रचना प्रक्रियां की पड़ताल में एक बात मुझे और याद आती है जो अज्ञान, मासूमियत और मूर्खता से सम्बन्धित है। इनका भी रचना प्रक्रिया में बहुत गहरा हाथ होता है। एक और बात याद आ रही है और वह है—स्वाध्याय। बल्कि यों कहूँ कि स्वाध्याय को आत्मसात् भी करना है और उसके दुष्प्रभाव से बचना भी है, यह रचना प्रक्रिया का, मैं समझता हूँ—बुनियादी संघर्ष है। स्वाध्याय अगर 'दृष्टि' के रूप में बदल गया है तो वह आपकी मदद कर सकता है अन्यथा वह आपकी सोच को सीमाओं में बाँध देगा। मुक्ति की रचना के लिए भी रचनाकार उसी युक्ति से काम लेगा तो न खुद को मुक्त कर पायेगा न रचना को। यहाँ सब वरिष्ठ लेखक बैठे हैं लेकिन अपनी किसी भी नयी रचना को जब वे शुरू कर रहे होते हैं तो जैसे आज ही लिखना शुरू कर रहे हों, यह अनुभव होता है। सब कुछ पढ़ने के बाद भी रचनाकार को एक अनपढ़ की तरह शुरुआत करनी होती है। इसी अर्थ में शायद कबीर ने कहा होगा कि—*'मसि कागद छूयो नहिं, कलम गही नहिं हाथ'।* आजकल जो लेखक सीधे कम्प्यूटर से लिखते हैं, वे भी यह बात कह सकते हैं।

असल में रचना प्रक्रिया तो किसी रचना में किसी पाठक को ढूँढ़नी चाहिए ताकि अगर वह दिखाई दे तो दूसरों को भी दिखा सके। लेकिन लोग रचनाकार से ही इसकी प्रक्रिया जानना चाहते हैं। यह तो ऐसे ही हुआ जैसे किसी सुन्दर, गुणी और प्रतिभावान सन्तान के माँ-बाप से कोई पूछे कि इस सन्तान की, आपकी रचना प्रक्रिया क्या थी?

किसी रचना को उस तरह जैसे हम अपने शरीर और मन को जानते हैं, जानना बहुत मुश्किल है। बहुत-सी चीज़ों को तो हम बहुत बाद में भी ठीक से नहीं समझ पाते हैं, जैसे कि अपने शरीर और उसकी आन्तरिक संरचना को। रचना का अपना एक वैचारिक व शैल्पिक शरीर होता है। कभी शिल्प विचारों तक नहीं जाने देता, कभी विचार शिल्प में नहीं अँट पाते। इसीलिए कविता को भी गल्प की ज़रूरत पड़ती है। दोनों के संयोग से कविता प्रगल्भ होती है। कविता में किसी भी चीज़ की मनाही नहीं है। न कथा की, न नाटक की, न निबन्ध की। कविता सर्वभक्षी है। यह कवि पर निर्भर करता है कि वह इस संसार को कितना आत्मसात् कर सकता है। पाब्लो नेरूदा ने भी कहा है कि मैं Omnivorous (ओम्नीवरस) हूँ अर्थात् सर्वग्रासी।

रचना में सारी की सारी चीज़ें रचयिता द्वारा रची जाती हैं और वही उसके लिए जवाबदेह या जिम्मेदार भी है। लेकिन कुछ चीज़ें रचे जाते समय स्वयं रचना भी अपने लिए पैदा कर लेती है। परिस्थिति और परिवेश रचना में कुछ इस

तरह गुँथे होते हैं कि अलग से उन्हें बता पाना काफ़ी मुश्किल काम है। कोई भी रचना, स्मृति और कल्पना से यथार्थ अनुभव को विघटित करने के बाद ही पैदा होती है। जिसे अनुभव का पुनर्सृजन भी कहा जाता है। इस सारे प्रयास का माध्यम हर बार रचनाकार ही होता है। इसलिए रचनाकार चाहे एक व्यक्ति हो, चाहे एक समूह हर रचना के पीछे कोई न कोई रचनाकार होता ज़रूर है। चूँकि मनुष्य को भी एक रचना माना गया है बल्कि महाभारतकार ने तो यहाँ तक कहा कि मनुष्य से श्रेष्ठ कुछ भी नहीं, इसीलिए इस सुन्दर रचना के रचनाकार की आज तक खोज जारी है।

अनुभव का रचनात्मक अवतरण जिस समय पहली बार रचनाकार के मन में कौंधता है, उस समय उसका बीज हाथ आ जाता है। वह क्षण, सचमुच उस घटित होने वाली रचना के लिए और रचनाकार, दोनों के लिए अद्भुत व अविस्मरणीय होता है जिसे मुक्तिबोध भी रचना का पहला क्षण कहते हैं। उस समय कवि या लेखक ऐसी सक्रिय प्रयोगशाला में बदल जाता है जहाँ वह अनुभव अपने अनुभूतिमय रूपाकार को ढालना शुरू कर देता है। यह सब कुछ घटित हो जाने के बाद होता है। अनुभव का मतलब ही है अनु-भव। 'अनु' माने बाद में और 'भव' माने होना। बाद में होना। अर्थात् घटना के बाद होना ही अनुभव है। पहले कुछ होता है और बाद में कुछ और। होने के बाद होना ही अनुभव है। अनुभव की अनुभूति ही पुनर्सृजन का कारण बनती है। इसीलिए हर रचना किसी अनुभव की पुनर्रचना है, प्रतिलिपि नहीं। अनुभव भी चाहे तो यह अनुभव कर सकता है कि किस रचनाकार ने उसे कैसे रचा। इसलिए रचना प्रक्रिया का मामला मुझे अनुभव को, अनुभव करने का लगता है।

रचना प्रक्रिया पर बात करना मेरे लिए सरलतापूर्वक सम्भव नहीं है। क्योंकि मैं अभी तक अपनी रचना प्रक्रिया को न समझ पाया हूँ न गणित के किसी सिद्ध नियम की तरह उसे पकड़ पाया हूँ। अक्सर लोग रचना प्रक्रिया के बारे में ऐसे बोलते हैं जैसे बिना लात खाये गाय से दूध दुहने के बारे में बता रहे हों। आचार्य रामचन्द्र शुक्ल के शब्दों में कहूँ तो वे धन्य हैं और मुझे धिक्कार है।

जब रचना प्रक्रिया पकड़ में आने लगती है और रचनाकार उसको सर्वथा अपने बस में मानने लगता है, तो समझना चाहिए कि रचनाकार कहीं न कहीं अपनी तरकीब का शिकार हो रहा है। तरकीबें जोखिम उठाने से डरती हैं। तरकीबें एक सरल और बना बनाया रास्ता हाज़िर कर देती हैं और लेखक उस प्रेरणा को हाज़िर नाज़िर जानकर अपना बयान दे देता है। साँचे बाजी वाला इकहरा सच बहुत दिन तक आकर्षित नहीं करता। सच एक ही नहीं होता। सच कई पर्तों

साथ हो रहा होता है। दुखी और नाराज लोगों के बारे में सोचने और संघर्ष करने वाले को भी खुश रहने का अधिकार है, यह सोचते हुए मैं ग़रीबी को अयोग्यता और बीमारी मानता हूँ। मैं ग़रीब के पक्ष में हूँ और ग़रीबी को अलंकृत करने के विरुद्ध हूँ। असमर्थ से असमर्थ व्यक्ति भी ग़रीब नहीं रहना चाहता। हर व्यक्ति में परिश्रम और उद्यम का भाव मौजूद है। अपनी रचना प्रक्रिया के साथ हमें ऐसी सामाजिक परिस्थितियों के लिए लड़ना और स्वप्न चित्रित करना है जिसमें किसी तरह की ग़रीबी के लिए कोई स्थान न हो, न आर्थिक विपन्नता रहे न जातीय भेद-भाव, न ज्ञान का दारिद्र्य रहे न जानकारी का अभाव, न अवसर की कमी रहे न ईर्ष्या का भाव, न पिछड़ने की कुंठा रहे। इसमें रचनाकार भी शामिल है।

मैं अपनी कविताओं में जीवन की शक्ति और नश्वरता के बीच की घटनाओं को आने देना चाहता हूँ। चाहे वे एक पंक्ति में आवें, चाहे एक पैराग्राफ में। मैं अपनी कविता की पूर्णता इसी में मानता हूँ कि उसमें अपूर्ण जीवन के सारे पहलू एक कवि की तरह दर्ज़ कर सकूँ। और तुलसीदास ने वाल्मीकि की कविता की तारीफ़ में जो कहा था वैसा ही कुछ अपने पूर्ववर्तियों की रचनाओं के बारे में कह सकूँ—

बंदहुँ मुनि पद कंज, रामायण जिन निर्मयउ।
सखर सुकोमल मंजु, दोष रहित दूषण सहित॥

□□